Parte II:

Visitas A Domicilio 101

La guía médica más completa para la
atención sanitaria a domicilio, los
servicios de telemedicina y el tratamiento
a distancia en un mundo post-pandémico

Dr. Scharmaine Lawson, NP

A DrNURSE
PUBLISHING HOUSE

Descargo de responsabilidad sobre los ingresos

Este libro contiene estrategias de negocio, métodos de marketing y otros consejos empresariales que, independientemente de mis propios resultados y experiencia, pueden no producir los mismos resultados (o ningún resultado) para usted. No garantizo en absoluto, de forma explícita o implícita, que al seguir los consejos que aparecen a continuación usted vaya a ganar dinero o a mejorar sus beneficios actuales, ya que hay varios factores y variables que entran en juego en cualquier negocio.

Principalmente, los resultados dependerán de la naturaleza del producto o del modelo de negocio, de las condiciones del mercado, de la experiencia del individuo y de situaciones y elementos que están fuera de su control.

Al igual que con cualquier emprendimiento comercial, usted asume todo el riesgo relacionado con la inversión y el dinero basado en su propia discreción y en su propio gasto potencial.

Exención de responsabilidad

Al leer este libro, usted asume todos los riesgos asociados con el uso de los consejos que se dan a continuación, con el pleno entendimiento de que usted, exclusivamente, es responsable de cualquier cosa que pueda ocurrir como resultado de poner esta información en práctica de cualquier manera, e independientemente de su interpretación de los consejos.

Además, acepta que nuestra empresa no puede ser considerada responsable en modo alguno del éxito o el fracaso de su negocio como resultado de la información presentada en este libro. Es su responsabilidad llevar a cabo su propia diligencia con respecto a la operación segura y exitosa de su negocio si tiene la intención de aplicar cualquiera de nuestra información de alguna forma a sus operaciones comerciales.

Condiciones de uso

Se le otorga una licencia intransferible de "uso personal" de este libro. No puede distribuirlo ni compartirlo con otras personas.

Además, al comprar este libro no se conceden derechos de reventa ni derechos de marca privada. En otras palabras, es sólo para su uso personal.

Parte II:

Visitas A Domicilio 101

La guía médica más completa para la atención sanitaria a domicilio, los servicios de telemedicina y el tratamiento a distancia en un mundo post-pandémico

Dedicatoria

✦

Queridos Skylar y Wyatt. Ustedes son mi S1S2. Mi "por qué". Gracias por darle a mamá el espacio y el lugar para crear. Es un honor compartir la vida, el amor y los recuerdos con ustedes.

Prólogo

❧

La pandemia de COVID-19 ha influido notablemente en todos nosotros y, por supuesto, ha dificultado y aumentado las visitas a domicilio. La mayoría de los proveedores de cuidados sanitarios a domicilio ofrecen consultas a distancia o han empezado a realizar visitas a domicilio reducidas, socialmente distantes, en persona. Sin embargo, los expertos del sector de la asistencia sanitaria a domicilio siguen trabajando para averiguar la forma ideal de satisfacer las necesidades de los pacientes, teniendo en cuenta su acceso y las preocupaciones en cuanto a la tecnología.

Una característica importante de este libro es que no tiene una estructura similar a la de un libro de texto, por lo que no es necesario leer en la secuencia dada de capítulos para entender su contenido. De hecho, puede comenzar su viaje de la Visita Domiciliaria 101 desde cualquier capítulo en función de sus intereses y preferencias.

La versión actualizada de Visita Domiciliaria

101 consta de cuatro secciones. La primera sección contiene las directrices estándar sobre qué hacer antes, durante y después de realizar una visita domiciliaria.

Esta sección pretende ofrecer una visión general del control de enfermedades a los proveedores de atención sanitaria a domicilio. La segunda sección es probablemente la parte más importante del libro ya que cubre los servicios de telesalud y el beneficio de las consultas a distancia en medio de la emergencia de salud pública del COVID-19. Esta sección está especialmente diseñada para proporcionar una comprensión básica para los proveedores de atención sanitaria de Visita Domiciliaria en la aplicación de los servicios de telesalud para sus pacientes tras la ampliación de las opciones de reembolso en medio de la pandemia de COVID-19.

La tercera sección está diseñada para los proveedores de atención primaria en el hogar (HBPC) y el personal que ejerce la práctica para apoyarlos en la comprensión de las oportunidades de codificación avanzada más allá de E/M (Evaluación y Gestión) los códigos CPT que están disponibles, en función del mayor nivel de complejidad de los requisitos de un paciente. Estos códigos avanzados deben estar alineados con la atención prestada y facilitar a los proveedores en la maximización de sus reembolsos por el servicio de salud. La última sección trata sobre el tratamiento comunitario asertivo y los servicios psiquiátricos de atención domiciliaria. Esta sección también contiene las oportunidades de facturación y reembolso para la Gestión de la Atención Colaborativa Psiquiátrica y la Intervención General de Salud Mental.

La información y los conocimientos presentados en el libro son una llamada de atención sobre por qué y cómo un enfoque interdisciplinario es mejor que trabajar solo en la atención sanitaria a domicilio. Tenemos que entender los principales retos y complejidades de la atención sanitaria a domicilio en estos tiempos difíciles. También necesitamos cambiar nuestra dirección y empezar a beneficiarnos de las ideas basadas en el conocimiento y la evidencia sobre las herramientas digitales avanzadas y las tecnologías de monitorización remota de pacientes recomendadas por los científicos investigadores.

Contenido

❧

Sección 1
Atención sanitaria a domicilio
durante la pandemia de COVID-19

Sección 2
Servicios de la Telemedicina: La Visita Domiciliaria 2021

Sección 3
Opciones Avanzadas de Codificación y
Oportunidades de Reembolso

Sección 4
Tratamiento Asertivo Comunitario y Servicios Psiquiátricos de Atención Domiciliaria

Sección 5
El Futuro de la Atención Sanitaria a Domicilio

❖

Sección

1

Atención sanitaria a domicilio durante la pandemia de COVID-19

❖

Capítulo

1

Origen del COVID-19:
Una vision general

T odo el mundo notó el silencio de la vida social y la rutina diaria en medio de la emergencia de salud pública COVID-19. Se recomendó permanecer en casa y fuera de los lugares concurridos. Experimentamos algunas escenas inesperadas de calles vacías, fábricas y empresas cerradas, tiendas y restaurantes cerrados, rostros cubiertos con máscaras y la suspensión de las operaciones de vuelo de las compañías aéreas. No hubo conciertos, festivales ni eventos deportivos. De hecho, seguimos viviendo con el miedo a enfermar y casi todos los aspectos de nuestra vida rutinaria han cambiado con la incorporación de la "NUEVA NORMALIDAD" (Morens et al., 2020).

Son tiempos verdaderamente inéditos, especialmente para los geriátricos y los discapacitados. Resulta difícil recordar que hace dos o tres años nadie había oído hablar de la "estancia en casa" o del "distanciamiento social". La idea de que los gobiernos recomienden a sus ciudadanos que hagan la cuarentena en casa parecía antes un argumento de película imaginaria. Pero entonces, un nuevo virus extremadamente contagioso -el virus COVID-19- se extendió por todo el mundo y dejó su impacto en todo en muy poco tiempo.

Los primeros casos de COVID-19 se reportaron por primera vez en Wuhan, China, a finales de 2019 (Shereen et al., 2020). Desde entonces, el número de casos de COVID-19 ha aumentado exponencialmente en todo el mundo. Las autoridades sanitarias de Estados Unidos confirmaron el primer caso de COVID-19 (un hombre de 35 años) en el estado de Washington el 19 de enero de 2020 (History.com Editors, 2021). El hombre afectado por esta enfermedad, COVID-19, había regresado de Wuhan, China, en enero de 2020 y tenía un historial de 4 días de tos y fiebre subjetiva. La Organización Mundial de la Salud (OMS) anunció oficialmente que el COVID-19 era una pandemia el 11 de marzo de 2020.

Desde diciembre de 2019 hasta agosto de 2020, más de 219 millones de casos de COVID-19 se han notificado en todo el mundo, incluyendo más de 4,55 millones de muertes. Durante el mismo periodo, se notificaron más de 40 millones de casos en Estados Unidos, incluyendo más de 666.000 muertes (Statista, 2021).

¿Qué es el COVID-19 y el Corona Virus?

COVID-19 (Enfermedad por el virus Corona en 2019) es una enfermedad altamente contagiosa causada por un nuevo coronavirus que afecta principalmente a los pulmones y las vías respiratorias. El virus COVID-19 es un miembro de la familia de virus Coronavirus, que es una de las mayores familias de virus que causan enfermedades de leves a graves en los seres humanos. La principal característica clínica de la familia Coronavirus es el resfriado común. Sin embargo, a diferencia del resfriado común, el virus COVID-19 es un nuevo virus de la familia de los Coronavirus, que es extremadamente contagioso y puede causar enfermedades potencialmente mortales (Shereen et al., 2020). Todavía no existe un tratamiento exacto para el COVID-19; sólo se administra un tratamiento sintomático y la vacunación.

La mayoría de los individuos se recuperan de la COVID-19 sin ninguna intervención específica. Algunos individuos con COVID-19 pueden no mostrar ningún síntoma específico (fiebre, tos, dificultad para respirar y pérdida del sentido del olfato); pero incluso si alguien tiene síntomas leves o ningún síntoma, puede transmitir el virus a otros. Por lo tanto, se recomienda el distanciamiento social durante la pandemia.

Los síntomas principales y más comunes de COVID-19 pueden ser:

- Tos continua (de nueva aparición)
- Fiebre alta
- Perdida o cambio del sentido del gusto o del olfato
- Dificultad para respirar
- Otros síntomas menos comunes e inespecíficos pueden ser dolor de cabeza, fatiga, dolor de cuerpo y dolor de garganta

COVID-19 comenzó como una tranquila serie de olas. Al principio, sólo se notificaron unos pocos casos con características similares a la neumonía, pero a finales de enero se notificaron casi 100 casos en 19 países y 4 continentes. En ese momento no había ninguna amenaza seria de lo que estaba por venir, pero pronto se confirmó que el virus es muy diferente de lo que se había experimentado antes. El virus resultó ser muy contagioso. No sólo ataca los pulmones, sino también otros órganos vitales como el corazón, el hígado, el riñón y el cerebro.

Los síntomas del COVID-19 son muy poco consistentes, inespecíficos y de gran alcance. En ocasiones, el paciente presenta fiebre alta, pérdida total del olfato o insuficiencia respiratoria. Por otra parte, algunos pacientes pueden no presentar ningún rasgo clínico visible. Estas incoherencias no se limitan a ninguna edad, geografía o género específicos. Sin embargo, los grupos de edad geriátrica y los individuos con patologías inmunológicas y otros problemas crónicos son los que corren mayor riesgo de tener el peor resultado.

Algunas cosas que hay que hacer y no hacer para evitar el contagio o la propagación del virus: La educación del paciente durante las visitas domiciliarias

Los profesionales de la salud, incluidos los NP y PA, deben educar a sus clientes durante sus visitas a domicilio sobre los siguientes pasos para reducir el riesgo de contraer o propagar la infección:

Lo que hay que hacer:

- Lavarse las manos durante al menos 20 segundos con agua y jabón
- Si no se dispone de agua y jabón, se debe utilizar un desinfectante de manos
- Lavarse las manos, especialmente al volver a casa tras salir al exterior
- Utilizar una mascarilla que cubra adecuadamente la nariz y la boca
- Cubrirse la nariz y la boca con un pañuelo o una manga (no usar las manos) al estornudar o toser.
- Los pañuelos usados deben depositarse en una papelera y las manos deben lavarse

inmediatamente.

Lo que no se debe hacer

- No tocarse la nariz, los ojos ni la boca si no se han lavado las manos con agua y jabón o desinfectante.

- No romper la práctica operativa de autoaislamiento, distanciamiento social y protección social.

Antes de una visita domiciliaria, debe conocer a los pacientes vulnerables que pueden contraer COVID-19. Las personas de alto riesgo de contraer COVID-19 son individuos que:

- Tiene problemas pulmonares crónicos, como EPOC, asma y Fibrosis Quística

- Tienen cáncer de sangre o de médula ósea

- Toman diferentes tipos de terapias contra el cáncer

- Tienen antecedentes de trasplante de órganos

- Toman medicamentos (dosis bajas de esteroides) que pueden debilitar su Sistema inmunitario

- Tienen una enfermedad renal crónica o están en diálisis

- Están embarazadas con problemas cardíacos graves

- Tienen 60 años o más

- Tienen diabetes

- Tienen una enfermedad hepática crónica

- Son obesos

- Tienen problemas nerviosos graves, como esclerosis múltiple, enfermedad de Parkinson, parálisis cerebral y enfermedades de las neuronas motoras

La Práctica de la Asistencia Sanitaria a Domicilio y la Actual Crisis de COVID-19

Debido a la actual pandemia de COVID-19, la mayoría de los pacientes confinados en casa con problemas de salud menores como dolor de espalda, indigestión, estreñimiento, alergias y acné, etc., no pueden acudir a sus médicos de atención básica, enfermeros, terapeutas y osteópatas. Por otra parte, la mayoría de los médicos/cirujanos especializados en la atención de la columna vertebral, los cirujanos ortopédicos, los reumatólogos, los neurocirujanos y los médicos especializados en el manejo del dolor han estado ofreciendo servicios limitados para pacientes críticos o de emergencia (*El sector de la salud a domicilio responde a la crisis de COVID-19, 2020*).

Desgraciadamente, el dolor de espalda y otros problemas de salud menores de estos pacientes confinados en casa están empeorando durante las fases de distanciamiento social y de encierro. Estas personas están experimentando graves problemas emocionales y tienen que lidiar con el malestar, la discapacidad y la interrupción de su vida social en la crisis actual. Los pacientes confinados en casa están cada vez más ansiosos y deprimidos y se sienten abandonados. No están seguros de cómo afrontar estos síntomas. No pueden reunirse con sus médicos de atención básica ni siquiera para que les aconsejen qué hacer para sus síntomas menores que no requieren necesariamente una visita médica tradicional en persona, en el consultorio.

Sin duda, la COVID-19 ha perturbado la vida de todos en cierta medida, pero su impacto en los pacientes confinados en casa que experimentan problemas de salud menores ha sido desproporcionadamente grande.

La palabra "pandemia" deriva de la palabra griega "pan" que significa "todo" y "demos" que significa "pueblo".

Capítulo

2

La prestación de servicios de visitas domiciliarias en medio de la emergencia de salud pública COVID-19

S i va a visitar a personas en sus casas para prestar servicios sanitarios a domicilio, es muy recomendable que se vacune. La mayoría de las empresas están obligando a vacunar a sus empleados. Si se ha vacunado contra el COVID-19 y han pasado como mínimo dos semanas desde la última dosis de la vacuna (período de tiempo suficiente para que su cuerpo establezca la inmunidad), ahora tiene inmunidad contra la infección. Sin embargo, todavía no tenemos suficientes conocimientos sobre cómo las vacunas afectarán el contagio de COVID-19. Siga siempre las recomendaciones estándar que se indican a continuación cuando visite a las personas en sus hogares para prestar servicios de salud a domicilio durante la emergencia de salud pública por COVID-19:

No realice visitas a domicilio si:

- Tienes algún signo o síntoma de COVID-19 (Fiebre, dolor de cabeza, tos, dificultad para respirar, dolor muscular, escalofríos, dolor de garganta y pérdida de olfato o gusto)

- Ha dado positivo en la prueba de COVID-19 y sigue en el periodo de autoaislamiento

- Estuvo cerca o tuvo contacto con alguien que tiene una prueba de COVID-19 positiva

- Si tiene más de 65 años o/y tiene otros problemas de salud que podrían empeorar el contagio de COVID-19, como la diabetes, el asma o la hipertensión, y aún no ha completado la vacunación

- Si no puede vacunarse en determinados casos, considere la posibilidad de evitar las visitas a otras personas en sus casas

- Recuerde que no todas las personas con COVID-19 tienen síntomas visibles, pero pueden contagiar el virus sin mostrar síntomas

- La persona que está visitando en el hogar tiene

una prueba de COVID-19 positiva, está
experimentando síntomas de COVID-19, o
está en cuarentena debido a estar en contacto
cercano con alguien con COVID-19 positivo

Antes de organizar una visita a domicilio

Antes de realizar una visita a domicilio,
especialmente en medio de la COVID-19 PHE, debe
revisar y refrescar sus conocimientos sobre las
recomendaciones estándar para la prevención de contraer
o propagar la infección. Debe revisar las últimas
recomendaciones de los CDC sobre las prioridades de
prevención y control de la infección (CIP), así como las
precauciones estándar y basadas en la transmisión
relacionadas con la COVID-19 (Healthcare Workers,
2020).

Cancele inmediatamente las visitas a domicilio si
usted o alguien en el hogar:

- Presenta síntomas

- Ha dado positive en la prueba de COVID-19

- Ha estado en contacto con alguien que ha dado
  positive en la prueba del COVID-19 en las
  últimas dos semanas

- Está a la espera de los resultados de la prueba del
  COVID-19

Cosas que hay que recorder al preparer la visita a domicilio

Intente obtener toda la información posible antes de iniciar la visita y prepárese para tomar las precauciones adecuadas para el control de la infección. Algunos ejemplos de estas medidas de precaución son los siguientes:

➤ ¿Su personal de back office o de programación hace las preguntas pertinentes al programar o confirmar las citas para reconocer los riesgos potenciales y las "banderas rojas" que sugieren que deben tomarse precauciones en materia de EPI (equipos de protección individual)?

▪ Esto incluye identificar a los cuidadores, pacientes y miembros de la familia o cualquier otro miembro del hogar que haya estado fuera de los Estados Unidos en los últimos 30 días. También incluye preguntar si el paciente ha dado alguna vez positivo en la prueba de la tuberculosis o/y si el cuidador, el paciente, los miembros de la familia o cualquier otro miembro del hogar está enfermo.

➤ ¿Conoce el personal de programación o la oficina de atención al público los procedimientos y políticas de control de infecciones adecuados (por ejemplo, COVID-19, política de chinches)?

➤ ¿Se comprueba la historia clínica electrónica antes de la visita?

• Si un proveedor muestra síntomas de COVID-19, o/y podría infectar a otros, las visitas a domicilio deben ser obviamente reprogramadas.

• Disponga el maletín médico y los suministros como se indica a continuación:

Bolsa Médica

▪ Organice la bolsa antes de tiempo para facilitar que los suministros "usados" y "limpios" se guarden por separador.

▪ Desinfectar adecuadamente el propio maletín médico y todo el material que va a entrar en él antes y después de la visita.

▪ En el vehículo, intente colocar la bolsa dentro de un contenedor grande, de plástico transparente y de lados altos, si está disponible. Si no dispone de un contenedor alto en su vehículo, puede colocar la bolsa en una superficie seca y limpia del vehículo.

▪ Mantenga su bolsa médica fuera de la vista en un vehículo cerrado con llave siempre que sea posible mientras viaja.

- Al final del día, lleve su maletín médico de vuelta a la oficina o a otro lugar establecido para limpiarlo y limpiarlo y evitar las temperaturas extremas.

Suministros

- Lleve siempre una cantidad suficiente de bolsas de plástico con cremallera de diferentes tamaños junto con bolsas de plástico desechables o paños desechables.

- Lleve siempre el EPP adecuado, como guantes, batas, protección para los ojos, máscaras, cubrezapatos y una muda de ropa.

- Traiga un desinfectante de manos y/o un gel antibacteriano. También puede traer un dispensador de jabón.

- Traiga un contenedor rojo, con etiqueta de riesgo biológico, para la eliminación de agujas, jeringas y bisturíes. Guarde el contenedor de riesgo biológico con una tapa hermética dentro de una bolsa de plástico con cremallera adicional antes de deshacerse de él cuando vuelva a la consulta.

- Organice y disponga los suministros en la bolsa en función de su uso:

Artículos de un Solo Uso

Coloque los suministros de un solo uso en bolsas de plástico con cremallera después de su uso y, a continuación, deposítelos en la basura exterior del paciente después de proporcionar instrucciones adecuadas y claras al paciente y a otros miembros del hogar para que no vuelvan a abrir la bolsa desechada. Algunos ejemplos de artículos de un solo uso son las almohadillas de preparación con alcohol, las toallitas desinfectantes, las toallas de papel, los apósitos para el cuidado de heridas y los EPI.

Artículos Reutilizables

Limpie adecuadamente los suministros reutilizables con toallitas desinfectantes antes de volver a colocarlos en el maletín médico. Algunos ejemplos de suministros reutilizables son el pulsioxímetro, el manguito de presión arterial, el termómetro y otros dispositivos electrónicos.

Inmediatamente antes de la visita a domicilio

- Inmediatamente antes de entrar en la vivienda, revise la información pertinente.

- Hable con la persona o la familia a la que piensa visitar para explicarles que seguirá estrictamente las orientaciones de salud pública COVID-19 PHE para minimizar el riesgo.

- Hable de su enfoque de mitigación de riesgos

y explique que es para protegerlos a ellos y a usted.

- Disponga y organice el equipo que necesitará durante su visita.

- Asegúrese de que entienda cómo utilizar los EPI para que sean más eficaces y evitar riesgos involuntarios.

- Si utiliza un EPI que le obstruya definitivamente la cara, aclare a la persona/familia por qué lo utiliza antes de su llegada si es posible, o al llegar si es imprescindible.

- Asegúrese de que tenga claro dónde deshacerse de cualquier equipo de protección después de la visita, de acuerdo con las directrices de salud pública.

- Asegúrese de lavarse las manos con un desinfectante de manos antes e inmediatamente después de su visita, siguiendo las orientaciones de la sanidad pública.

- También necesitará una forma fácil de ponerse en contacto con esa persona o personas, por ejemplo, por teléfono móvil.

- Asegúrate de que tu equipo o tu superior jerárquico estén al tanto de tu paradero y se pongan en contacto contigo si vuelves tarde.

- Revise el plan con su equipo o jefe de línea para asegurarse de que los riesgos de infección se minimizan y se gestionan razonablemente.

Durante la Visita a Domicilio

Tras evaluar los riesgos y reconocer que es imprescindible una visita a domicilio, siga estas precauciones:

- Lávese las manos con agua y jabón durante un mínimo de 20 segundos o utilice un desinfectante de manos que tenga al menos un 60% de alcohol antes de entrar en casa (Enfermedad por Coronavirus 2019 (COVID-19), 2020).

- Su primera tarea es realizar comprobaciones diarias de la temperatura y los síntomas, especialmente antes de entrar en casa.

- Examine inmediatamente a los participantes a su llegada. Pregunte al participante o a los miembros de su hogar si hay presencia de posibles síntomas y signos, si ha habido posibles exposiciones, y pregunte sobre sus viajes y visitas recientes.

- Lleve sólo los suministros, materiales y equipos necesarios.

- Limite el contacto con otros miembros de la familia y mantenga al menos dos metros de distancia y siga las directrices de salud pública sobre cómo minimizar la infección por COVID-19.

- Durante su visita, minimice el contacto con las superficies y evite poner sus objetos personales sobre cualquier superficie.

- No se toque los ojos ni la cara, pida que se ventile bien la habitación mediante una puerta y una ventana abiertas.

- Lleve siempre una cubierta de tela para la cara o una máscara facial y otros EPI esenciales.

- Mantenga su visita lo más concisa posible. Si considera que los riesgos son inadecuados o no se pueden gestionar durante la visita, explique y discuta con el paciente o la familia por qué necesita concluir la visita. Además, discuta el plan de seguimiento.

Al entrar en la casa, coloque su bolsa médica en una zona seca y limpia de la casa. La almohadilla desechable o la bolsa de basura de plástico que llevaba también puede servir de barrera para su bolsa médica. Coloque la bolsa a suficiente altura del suelo para mantenerla fuera del alcance de los niños y para evitar cualquier contaminación por parte de los animales. Coloque su tableta u ordenador portátil en una superficie limpia y seca. Limpie la carcasa y el teclado de sus dispositivos electrónicos con una toallita desinfectante. Coloque la toallita desechada en una bolsa de plástico con cremallera junto con otros artículos de un solo uso y, a continuación, deposítela en la basura exterior del paciente después de dar instrucciones adecuadas y claras al paciente y a otros miembros de la familia para que no vuelvan a abrir las bolsas desechadas.

Puede optar por sentarse cerca del paciente si dispone de una superficie seca y limpia (también puede utilizar uno de sus empapadores desechables si es necesario). Si es esencial, elija estar de pie cerca del paciente en lugar de sentarse, para evitar la posible contaminación de su ropa personal. También puede considerar la posibilidad de llevar consigo un banco portátil o una silla ligera para sentarse durante las visitas a los pacientes. Lo ideal es sentarse en sillas de plástico o de madera dura en lugar de las de tela, ya que no es probable que se contaminen o infesten de chinches.

Desinfecte los artículos reutilizables limpiándolos con toallitas desinfectantes antes de volver a introducirlos en el maletín médico. Asegúrese de que los materiales peligrosos se desechan en los contenedores con etiqueta de riesgo biológico y con tapa hermética dentro de una bolsa de plástico con cremallera adicional para evitar derrames o contaminación. No los coloque en superficies abiertas dentro del hogar del paciente, como una silla o una mesa. Si recoge la sangre en tubos vacutainer, coloque la muestra de sangre en una bolsa de plástico con cremallera. Etiquete inmediatamente la muestra para un procesamiento adecuado y preciso. Lavarse las manos con agua y jabón o utilice su desinfectante de manos o gel antibacteriano después de la limpieza.

Aplicación del EPI durante la visita a domicilio

El equipo de protección personal (EPP) es un equipo especializado utilizado para la protección contra materiales infecciosos. El EPP previene el contacto directo con fluidos corporales o materiales infecciosos mediante el desarrollo de una barrera adecuada entre el personal sanitario y el material potencialmente infeccioso.

El EPP médico incluye guantes, batas o monos, protección facial, protector facial o mascarilla y gafas, cubrecabezas y botas de goma (Healthcare Workers, 2020).

A. Guantes

Los guantes le protegen cuando manipula directamente superficies contaminadas o materiales potencialmente infecciosos. Los guantes deben cambiarse cuando estén visiblemente sucios, perforados o roto s. Lávese las manos al quitarse los guantes. Hay que recordar que los guantes no pueden sustituir la necesidad de lavarse las manos adecuadamente. Los guantes deben utilizarse como un componente de las prioridades de prevención y control de infecciones (CIP), así como de las precauciones estándar y basadas en la transmisión relacionadas con la COVID-19.

B. Bata o Mono de Trabajo

Utilice siempre una bata o un mono cuando preste atención a los pacientes en sus domicilios, especialmente en medio de la COVID-19. También debe utilizarse cuando exista riesgo de contacto directo con fluidos corporales, sangre y/o materiales potencialmente infecciosos.

C. Protección Facial

Las mascarillas deben cubrir completamente la boca y la nariz e impedir la penetración de cualquier líquido. Las máscaras deben colocarse cómodamente sobre la boca y la nariz. Las mascarillas también pueden contener una pieza nasal flexible y pueden fijarse a la cabeza con elásticos o cordeles. Es importante conocer los distintos tipos de mascarillas y su uso recomendado. Hay que recordar que no todas las mascarillas filtrantes (FFP) y las máscaras proporcionan la misma protección; por lo tanto, hay que entender las limitaciones y el uso de cada una.

El uso de una máscara facial no suele ser suficiente para proporcionar una protección completa. Los CDC recomiendan que las mascarillas se combinen con otras medidas o/y EPP en consecuencia. Durante las visitas domiciliarias, los proveedores y los participantes deben usar una máscara facial adecuada y bien ajustada o una cubierta facial de tela apropiada. Si es necesario retirar y guardar una cubierta facial de tela o una máscara facial para su uso futuro, guárdela en una bolsa de papel limpia, seca y sellada o en un recipiente transpirable. Lavar el recipiente antes de su reutilización y desechar las bolsas de papel de almacenamiento con frecuencia.

Máscaras N95 o FFP2: Las máscaras N95 y FFP2 son ejemplos de EPI que protegen al usuario de las pequeñas partículas transportadas por el aire, así como de los líquidos que contaminan la cara. Una mascarilla FFP2 es una forma de mascarilla antipolvo desechable que proporciona una protección moderada y se suele utilizar para polvos finos de nivel moderado/nieblas a base de agua o aceite, lijado, enlucido y polvo de madera.

D. Protección de los ojos (gafas, protectores faciales)

Las gafas deben ajustarse perfectamente alrededor y sobre los ojos. Un ajuste adecuado proporciona una barrera completa y protege los ojos.

Escudo Facial

Cuando se necesita una protección de la piel además de la protección de la nariz, la boca y los ojos, como cuando se succionan secreciones copiosas o se irriga una herida, una pantalla facial es un dispositivo ideal para sustituir el uso de gafas o una máscara. El protector facial debe cubrir adecuadamente la frente, extendiéndose por debajo de la barbilla y envolviendo el lado de la cara.

Utilice siempre protección ocular en forma de gafas o protectores faciales cuando preste sus servicios de atención domiciliaria a un participante con sospecha o confirmación de COVID-19. Procure no tocar ni ajustar la protección ocular mientras presta los cuidados. Desinfecte y limpie siempre la protección ocular utilizando los métodos recomendados después de quitársela. Guarde los protectores oculares limpios en una bolsa de papel limpia, seca y con cierre hermético o en un recipiente transpirable después de quitárselos. Lave el recipiente antes de su reutilización y deseche las bolsas de papel de almacenamiento con frecuencia.

E. *Protección Respiratoria*

La protección respiratoria debe utilizarse mediante máscaras faciales y respiradores.

Se recomienda el uso de mascarillas N95 cuando se presten servicios de atención domiciliaria a un participante con COVID-19 presunto o confirmado. Los usuarios deben ser médicamente aptos para usar este tipo de mascarilla. Si el usuario no es apto para este tipo de mascarilla, se debe utilizar en su lugar una mascarilla quirúrgica bien ajustada.

Los respiradores purificadores de aire motorizados

(PAPR) se recomiendan para los procedimientos que producen aerosoles de alto riesgo. Se trata de un sistema de filtración alimentado por baterías y más complicado, compuesto por una máscara completa, un soplador alimentado por baterías, un tubo de respiración y filtros de partículas como los filtros HEPA.

Se recomienda el uso de un PAPR si:

- El respirador N95 no está disponible o no se ajusta

- Si el usuario tiene una deformidad facial o vello facial que pueda interferir con un respirador N95 o con el sellado máscara-cara

- Para un procedimiento de alto riesgo que produce aerosoles

- Prestación de sus servicios de atención domiciliaria a un participante con sospecha o confirmación de COVID-19

Si está prestando servicios en el hogar, la aplicación de las directrices de control de infecciones estándar de los CDC, puede ayudarle a usted y a sus participantes, así como a los miembros de su hogar, a mantenerse seguros mientras realizan visitas a domicilio en medio de la pandemia de COVID-19.

Después de Completar una Visita a Domicilio

Desinfectar y Limpiar

- Todo el equipo, los suministros y los materiales que se lleven, utilicen o retiren del hogar deben desinfectarse y limpiarse adecuadamente.

- Lavarse las manos con agua y jabón durante un mínimo de 20 segundos o utilice un desinfectante de manos que contenga al menos un 60% de alcohol.

Eliminación y Conservación de los EPI

- Quitarse los EPI fuera de casa. Consérvelos, si es posible, y deshágase de cualquier EPI que esté dañado o sucio.

- Siga siempre las directrices de salud pública inmediatamente después de la visita.

- Al final del día, quitarse y lavar la ropa que pueda haber estado expuesta al virus.

Sección

2

Servicios de Telemedicina: La Visita Domiciliaria 2021

Capítulo

3

Introducción

U na de las líneas de oro en el terror de la pandemia de COVID-19 es la evolución y los rápidos avances de la telemedicina. Según el CMS, "la telemedicina es el intercambio de datos médicos de un sitio a otro a través de la comunicación electrónica para mejorar la salud de un paciente". El término telemedicina es un término general para la aplicación de las Tecnologías de la Información y la Comunicación (TIC) en los procesos y servicios relacionados con la salud. La telemedicina se refiere a la prestación de servicios sanitarios con el apoyo de las TIC cuando los profesionales sanitarios y los pacientes no están presentes en el mismo lugar. En este contexto, garantizar la transmisión segura de texto a voz y datos médicos basados en imágenes es un requisito previo en los servicios de telemedicina, para el diagnóstico médico, la prevención, el tratamiento y el seguimiento. Desde el comienzo de la pandemia, la telemedicina y los servicios en línea han proliferado enormemente (Khoshrounejad et al., 2021).

Algunas de las principales ventajas de la telemedicina en medio de la pandemia son:

1. Acceso a la asistencia sin temor a contraer o propagar una infección

2. Compromiso positivo con los nuevos pacientes y continuidad de la atención con los pacientes establecidos

3. Coordinación con otros consultores

Otras ventajas son las mejores oportunidades para mejorar el acceso de los pacientes, las Visitas Domiciliarias, y una mayor capacidad para revisar los libros de registro de la presión arterial y los medicamentos que podrían haberse olvidado en casa durante una visita clásica al consultorio en persona. La relajación de las normas de los CMS con respecto a la pandemia de COVID-19 ha proporcionado una mayor flexibilidad normativa y una expansión acelerada del uso de la telemedicina (Brunton, 2021).

Las principales modificaciones que entraron en vigor después de marzo de 2020 para la pandemia COVID-19 incluyen:

1. Reembolso de las visitas virtuales al mismo nivel que las visitas presenciales tradicionales

2. Pago de los servicios médicos profesionales prestados a los beneficiarios en todas las regiones del país

3. No hay limitaciones o restricciones geográficas para los servicios de telemedicina para los pacientes establecidos

4. Flexibilidad para utilizar plataformas de videoconferencia diarias (es decir, no sólo las que cumplen con la HIPAA)

Capítulo

4

Clasificación de
Servicios de Telemedicina

L os servicios de electromedicina pueden clasificarse en varios tipos según el modo de comunicación, el momento en que se transmite la información y el objetivo de la consulta.

1. Modo de comunicación

2. El momento en que se transmite la información

3. Objetivo de la consulta

Servicios de telemedicina según el modo de comunicación

Se pueden utilizar múltiples tecnologías diferentes en función del modo de comunicación para prestar servicios de telesalud eficientes. Los cuatro principales modos de comunicación son el audio, el vídeo, el texto y el correo electrónico.

A. Video

- Visitas a centros de telemedicine
- Aplicaciones
- Vídeo en plataformas de chat,
- Skype/Face Time

B. Audio

- Llamadas telefónicas
- Aplicaciones
- VoIP (Protocolo de voz sobre internet)

C. Basado en Texto

- Aplicaciones de chat en línea (aplicaciones para teléfonos inteligentes, sitios web y otros sistemas de chat en Internet)
- Plataformas generales de texto/mensajería/chat (WhatsApp, Google Hangouts, Facebook Messenger).

D. Correo Electrónico/Fax

A. Servicios de Telesalud por Video

La comunicación por vídeo en línea ha ampliado enormemente los servicios de telesalud, especialmente en el marco de la emergencia de salud pública COVID-19. Con una conexión a Internet y una cámara web, ahora puede organizar una visita virtual cara a cara con su paciente. En los servicios de telesalud basados en vídeo puede realizar servicios de inspección virtual de su paciente, especialmente de las regiones corporales afectadas, y sugerir un diagnóstico provisional. Algunos ejemplos de servicios de telesalud basados en vídeo son las visitas a centros de telemedicina, aplicaciones (Zoom, GoToMeeting), vídeo en plataformas de chat y Skype/FaceTime, etc.

B. Servicios de Telesalud Basados en Audio

Los servicios de telesalud pueden prestarse a través de llamadas de audio mediante el uso de un teléfono móvil, diferentes aplicaciones de audio e incluso VoIP (voz sobre protocolo de Internet). Es la forma más rápida de comunicación entre un paciente y un profesional de la salud, entre dos profesionales de la salud que necesitan discutir temas complicados, y entre un clínico y un cuidador para una discusión médica detallada. También se conoce como tele-triaje.

C. Servicios de Telesalud Basados en Texto

En los servicios de telesalud basados en texto, la

conversación entre un profesional sanitario y un paciente se realiza en forma de mensajes de texto. Incluye la información especializadas para teléfonos inteligentes basadas en el chat, sitios web, mensajes de texto (SMS) y sistemas de mensajería por internet como WhatsApp, Google Hangouts y Facebook messenger, etc.

D. Correo Electrónico/Fax (Almacenar y Enviar)

Sus pacientes pueden utilizar el correo electrónico/fax para compartir sus informes y comunicarse sobre su estado de salud actual, recibir recordatorios sobre sus citas médicas y cuidados preventivos, y mantenerse al día sobre sus hallazgos médicos. Los profesionales sanitarios pueden utilizar este modo de comunicación para compartir los datos médicos de los pacientes, especialmente los vídeos grabados, las fotos y los informes con otros proveedores en otros lugares y para desarrollar planes de tratamiento adecuados para el paciente. Por ejemplo, un médico de una clínica pequeña puede utilizar el sistema de correo electrónico para compartir la resonancia magnética o la tomografía computarizada de un paciente con un radiólogo de un lugar lejano para confirmar el diagnóstico.

Servicios de Telemedicina según el Tiempo de Transmisión de la Información

El objetivo de los servicios de telesalud es eliminar la barrera de la distancia y facilitar el acceso médico a todo el mundo, que de otro modo no estaría disponible, especialmente en medio del COVID-19 PHE y en comunidades remotas. La telesalud consiste básicamente en la transmisión de voz, imágenes, datos e información en lugar de desplazar a los pacientes o a los profesionales sanitarios. Estas imágenes, datos, voces e información pueden transmitirse en tiempo real o en modo de almacenamiento y reenvío. En función del momento en que se transmite la información, los servicios de telesalud pueden clasificarse en:

A. Servicios sincrónicos de telesalud (modo en tiempo real)

B. Servicios asíncronos de telesalud (modo de almacenamiento y envío)

A. Modo Sincrónico

Se trata de la "videoconferencia en directo" o "comunicación de audio en directo", que es una "comunicación audiovisual bidireccional" entre un paciente y un profesional sanitario. En el modo síncrono, tanto el paciente como el profesional sanitario están presentes al mismo tiempo durante su comunicación, lo que permite la interacción en tiempo real entre ambos. Incluye la interacción de vídeo, audio y texto en tiempo real para intercambiar información relevante para un diagnóstico adecuado, la prescripción de medicamentos y el asesoramiento.

B. Modo Asíncrono

Se trata de un modo de comunicación de almacenamiento y reenvío en el que los datos se transmiten sin necesidad de una interacción en tiempo real entre el paciente y el profesional sanitario. En los servicios asíncronos de telesalud, los datos se capturan localmente, se almacenan temporalmente y se transfieren más tarde a través de un sitio web o un correo electrónico/fax. A continuación, el proveedor revisa los datos almacenados para hacer un diagnóstico, sugerir un tratamiento pertinente y dar recomendaciones. Incluye la carga de imágenes (radiografías o resonancias magnéticas), archivos y datos a través de un sitio web seguro y el intercambio de datos por correo electrónico o fax.

Servicios de Telesalud según el Objetivo de la Consulta

A. Para Casos No Urgentes

Para todos los casos no urgentes, hay dos tipos de consultas de pacientes:

a) Primera Consulta

b) Consulta de Seguimiento

a) Primera Consulta

La primera consulta es la primera comunicación entre un paciente y un médico de facturación para el diagnóstico, el tratamiento y el asesoramiento.

La primera consulta significa:

El paciente se comunica por primera vez con el profesional sanitario.

O

La persona se ha comunicado con el profesional sanitario, pero han pasado más de seis meses desde la última comunicación.

O

El paciente se comunica para cualquier nueva condición con el proveedor de atención médica.

Un profesional sanitario puede tener un conocimiento limitado del paciente que busca la primera consulta a través de los servicios de telesalud, como los modos de voz o de texto; sin embargo, si la primera consulta se produce a través de un modo de comunicación basado en el vídeo, el profesional sanitario puede hacer mejores juicios y proporcionar mejores recomendaciones, incluida la prescripción de medicamentos.

b) **Consulta de Seguimiento**

Consulta de seguimiento significa que el paciente se comunica con el mismo profesional sanitario en los seis meses siguientes a su visita anterior y esto es para la continuación de la atención de la misma condición de salud.

B. Para Casos de Emergencia

Los servicios de telesalud no suelen recomendarse para casos de emergencia cuando se dispone de atención médica en persona; sin embargo, en el caso de que no se disponga de atención médica tradicional en persona, los recursos de telesalud podrían ser la única forma de proporcionar una atención oportuna. En los casos de emergencia, los servicios de telesalud deben limitarse a los primeros auxilios, las medidas para salvar la vida y el asesoramiento para una derivación. En todos los casos de emergencia, el paciente debe ser remitido a una visita médica presencial lo antes posible.

Capítulo

5

¿Cómo Facturar Diferentes Servicios de Telemedicina?

Los profesionales sanitarios necesitan entender las directrices actualizadas sobre el uso de los servicios de telesalud tras la ampliación de las oportunidades de reembolso en medio de la emergencia de salud pública COVID-19. Los CMS (Centros de Servicios de Medicare y Medicaid) han demostrado algunos requisitos previos de cobertura específicos para lo que consideran CMS, servicios de telesalud (Brunton, 2021).

Los CMS siguen proporcionando mayores oportunidades y relajación normativa para que los proveedores utilicen la tecnología adecuada para sus pacientes, incluyendo servicios de Evaluación y

Gestión (E/M) por teléfono, visitas por vídeo, chequeos virtuales, evaluación o valoración remota de vídeos y fotos, visitas electrónicas o servicios E/M digitales en línea, y servicios de monitorización remota de pacientes (RPM). Antes de la Emergencia de Salud Pública (PHE) de la pandemia de COVID-19, Medicare cubría los servicios de telesalud sólo para aquellos pacientes ubicados en un área rural de escasez de profesionales sanitarios (HPSA) o en una región fuera de un área estadística metropolitana (MSA). Además, Medicare también exigía que el paciente se desplazara a un "sitio de origen" (centro sanitario aprobado) para recibir el servicio de telesalud de un proveedor de un sitio lejano.

En respuesta a la emergencia de salud pública del COVID-19 y para apoyar a los proveedores de atención médica en la lucha contra el COVID-19, se promulgó la Ley de Asignaciones Suplementarias para la Preparación y Respuesta al Coronavirus (CPRSAA) y otras leyes. En virtud de estas acciones de emergencia, varias exenciones de telesalud diferentes permiten temporalmente que los pacientes reciban servicios de telemedicina, independientemente de sus ubicaciones aprobadas. Los CMS también renunciaron temporalmente a los prerrequisitos de sitio distante y de origen y empezaron a pagar los servicios virtuales a la misma tasa que la atención tradicional en persona (Rogers,

2021). Los profesionales sanitarios elegibles que pueden proporcionar atención virtual y facturar sus servicios de telesalud durante el PHE COVID-19 pueden ser:

- Médicos

- Enfermeros Profesionales

- Asistentes Médicos

- Enfermeras-Parteras

- Enfermeras Anestesistas Certificadas

- Psicólogos Clínicos

- Trabajadores Sociales Clínicos con Licencia

- Dietistas Registrados

- Profesionales de la Nutrición

- Fisioterapeutas

- Terapeutas Ocupacionales

- Patólogos del Habla y el Lenguaje

Atención Virtual y Opciones de Reembolso

Visitas en Vídeo

Si una visita de telesalud se organiza a través de un método de telecomunicación bidireccional de vídeo y audio que permite la comunicación en tiempo real entre el paciente y el proveedor, el servicio puede ser reportado usando los códigos E/M domiciliarios, es decir, CPT 99341- 99345 y CPT 99347- 99350, y códigos E/M domiciliarios, es decir, CPT 99327-99328 y CPT 99334-99337. Usted reportará el Lugar de Servicio (POS) para demostrar donde la visita habría tenido lugar cara a cara, por ejemplo, POS 12 casa.

Servicios Telefónicos (Sólo Audio)

Durante la emergencia de salud pública COVID-19, Medicare proporcionará el reembolso de ciertos servicios cuando se presten mediante llamadas telefónicas para facilitar a los pacientes que no tengan recursos para participar en una visita por vídeo. Los servicios telefónicos o sólo de audio pueden incluir:

CPT 99441: Se recomienda el CPT 99441 para el servicio de E/M telefónico prestado por un médico u otro proveedor de atención sanitaria cualificado que puede informar de los servicios de E/M prestados a un paciente establecido, a un tutor o a un padre que no se origina en un servicio de evaluación y gestión pertinente prestado en los últimos siete días ni conduce a un servicio de evaluación y gestión en las próximas 24 horas o en la primera cita disponible, de 5 a 10 minutos de conversación clínica.

CPT 99442: El CPT 99442 debe utilizarse para el servicio de E/M telefónico proporcionado por un médico u otro proveedor de atención sanitaria cualificado que puede informar de los servicios de E/M prestados a un paciente establecido, a su tutor o a sus padres, que no se originaron a partir de un servicio de evaluación y gestión pertinente proporcionado en los últimos siete días ni condujeron a un servicio de evaluación y gestión en las siguientes 24 horas o en la primera cita disponible, de 11 a 20 minutos de conversación clínica.

CPT 99443: Se recomienda el CPT 99443 para el servicio de E/M telefónico proporcionado por un médico u otro proveedor de atención sanitaria cualificado que puede informar de los servicios de

E/M prestados a un paciente establecido, a un tutor o a un padre que no se originó en un servicio de evaluación y gestión pertinente proporcionado en los últimos siete días ni condujo a un servicio de evaluación y gestión en las siguientes 24 horas o en la primera cita disponible, de 21 a 30 minutos de conversación clínica.

Los códigos de evaluación y gestión telefónica mencionados anteriormente representan una discusión médica que sólo pueden facturar los médicos, los especialistas en enfermería clínica, los asistentes médicos, los profesionales de la enfermería y las enfermeras matronas certificadas que tengan E/M dentro de su ámbito de práctica aprobado.

Requisitos Previos de los Servicios Telefónicos

Para los servicios de E/M por teléfono o por audio, el profesional sanitario debe cumplir los siguientes requisitos:

- Las visitas E/M por teléfono o sólo por audio deben ser iniciadas por los pacientes, aunque los CMS han explicado que los proveedores pueden requerir que se eduque primero a sus pacientes sobre la disponibilidad de este servicio.

- Los CMS están considerando temporalmente que los códigos CPT de telefonía 99441, 99442 y 99443 son un "servicio de telesalud de Medicare" y los proveedores deben utilizar el modificador 95 para demostrar que el servicio es de telesalud para la facturación tradicional de Medicare.

Profesionales No Médicos

Otros proveedores de atención médica elegibles y calificados, incluidos los enfermeros profesionales, los psicólogos clínicos, los fisioterapeutas, los trabajadores sociales clínicos con licencia, los patólogos del habla y el lenguaje y los terapeutas ocupacionales pueden informar de los servicios de E/M telefónicos para facturar los servicios de telesalud utilizando los siguientes códigos CPT:

CPT 98966: El CPT 98966 se recomienda para el servicio de E/M telefónico prestado por un proveedor de atención sanitaria no médico que puede informar de los servicios de E/M prestados a un paciente establecido, a un tutor o a un padre, que no se originó en un servicio de evaluación y gestión pertinente prestado en los últimos siete días ni condujo a un servicio de evaluación y gestión en las siguientes 24 horas o en la primera cita disponible, de 5 a 10 minutos de conversación clínica.

CPT 98967: El CPT 98967 debe utilizarse para el servicio de E/M telefónico prestado por un proveedor de atención sanitaria no médico que puede informar de los servicios de E/M, prestados a un paciente establecido, tutor o padre, que no se originaron en un servicio de evaluación y gestión pertinente prestado en los últimos siete días ni condujeron a un servicio de evaluación y gestión dentro de las siguientes 24 horas o la primera cita disponible, 11- 20 minutos de conversación clínica.

CPT 98968: El CPT 98968 se recomienda para el servicio de E/M telefónico prestado por un proveedor de atención sanitaria no médico que puede informar de servicios de E/M, prestados a un paciente establecido, a un tutor o a un padre, que no se originaron en un servicio de evaluación y gestión pertinente prestado en los últimos siete días ni condujeron a un servicio de evaluación y gestión en las siguientes 24 horas o en la primera cita disponible, de 21 a 30 minutos de conversación clínica.

Otros Servicios Sólo de Audio

Los CMS también han decidido ofrecer el reembolso de los servicios de asesoramiento, psicoterapia, educación y nutrición y terapia a través de servicios de audio. A continuación, se presenta una lista de servicios relacionados con la atención domiciliaria. Puede consultar la lista detallada de servicios de telesalud de Medicare para conocer en profundidad los servicios de sólo audio de Medicare (List of Telehealth Services | CMS, 2021).

1. Planificación Anticipada de los Cuidados (PCA)

El CPT 99497 (al menos 16 minutos) y el CPT 99498 (un mínimo de 46 minutos) deben utilizarse para facturar los servicios de planificación anticipada de cuidados. El servicio de ACP necesita una discusión clínica por parte de un proveedor de atención médica calificado elegible que discuta las directivas anticipadas o las prioridades al final de la vida con el paciente o/y el cuidador.

2. Visitas Anuales de Bienestar

Los códigos HCPCS G0438 y G0439 se recomiendan para las Visitas Anuales de Bienestar a través de tecnología sólo de audio.

3. Servicios Para Dejar de Fumar

Los CPT 99406 y 99407 deben utilizarse para los servicios de deshabituación tabáquica mediante tecnología sólo de audio.

4. Los códigos HCPCS G0396 y G0397 se recomiendan para la evaluación estructurada, así como para los servicios de intervención breve relacionados con el abuso de alcohol y/o sustancias (excepto el tabaco) a través de la tecnología sólo de audio.

5. Para el cribado y asesoramiento anual sobre el consumo de alcohol, los códigos recomendados son HCPCS G0442 y G0443.

6. El HCPCS G0506 debe utilizarse para los servicios de gestión de cuidados crónicos (CCM); sin embargo, debe recordarse que este servicio sólo puede utilizarse una sola vez para los nuevos pacientes o para aquellos pacientes que no hayan sido atendidos en un periodo de 12 meses cuando se inscribieron por primera vez en el CCM.

Consideraciones Importantes

Examen Físico

Los exámenes físicos a través de la telesalud son limitados, pero es posible y está permitido que un proveedor documente observaciones específicas como las lesiones o el color de la piel, las erupciones, la calidad de la respiración, la evidencia de disnea o sibilancias y los signos vitales descritos por el paciente. Cuando esto se realiza, estos factores también pueden participar en el nivel de codificación.

Requisitos de Documentación

Los proveedores deben documentar las visitas de telesalud de forma similar a como lo harían con las visitas clásicas en persona. La codificación de E/M requiere la documentación de una queja principal, historia de la enfermedad actual (HPI), revisión de sistemas (ROS), PFSH (historia médica, familiar y social pasada), examen físico, toma de decisiones clínicas y evaluación y plan. Debe recordarse que, para los pacientes establecidos, sólo se necesitan dos de los tres elementos E/M (es decir, historia, examen físico, toma de decisiones clínicas) para ayudar al nivel de servicio.

Privacidad

Durante la emergencia de salud pública COVID-19, el Departamento de Salud de los Estados Unidos ha anunciado cierta relajación en las regulaciones de la HIPAA para que los proveedores puedan utilizar plataformas como el videochat de Facebook Messenger, Apple FaceTime, Zoom, Google Hangouts video, o Skype, etc., como herramientas aceptables de telecomunicaciones bidireccionales de video y audio. Recuerde que no se permiten aplicaciones de cara al público como Twitch, Facebook Live o TikTok.

Tecnología

Muchos de los servicios de telesalud de Medicare necesitan telecomunicaciones interactivas de vídeo y audio que permitan la comunicación en tiempo real entre el paciente y el proveedor en su domicilio. La única excepción son los servicios de audio como la planificación anticipada de cuidados y el E/M telefónico.

Servicios Basados en la Tecnología de la Comunicación (CTBS)

Durante la emergencia de salud pública COVID-19, los siguientes servicios basados en la tecnología de la comunicación pueden ser prestados tanto a pacientes nuevos como a los ya establecidos. CMS piensa que los códigos de check-in virtual pueden ser útiles incluso después de la emergencia de salud pública COVID-19 cuando ya no reembolsan E/M telefónicos sólo de audio (CPT 99441, 99442, y 99443). Sin embargo, en medio de la emergencia de salud pública para los servicios de sólo audio, los proveedores deben considerar reportar los códigos CPT de E/M telefónico ya que proveen mayor reembolso que los servicios de check-in virtual.

Registro Virtual (HCPCS G2012 y HCPCS G2252)

- El HCPCS G2012 implica un mínimo de 5-10 minutos y el HCPCS G2252 incluye un mínimo de 11- 20 minutos de discusión clínica por parte de un profesional sanitario cualificado con el paciente o cuidador, sin incluir el tiempo del personal clínico.

- La comunicación puede hacerse sólo por audio (por ejemplo, por teléfono) o por vídeo bidireccional.

- Durante el COVID-19 PHE solamente, se puede permitir tanto a los pacientes nuevos como a los establecidos.

- Su objetivo principal es evaluar el estado del paciente para confirmar si es necesaria una visita presencial.

- También necesita una llamada o pregunta iniciada por el paciente.

Evaluación de Vídeo Grabado o/y Foto (Imagen) (HCPCS G2010)

- El HCPCS G2010 implica un vídeo o una imagen pregrabada de buena calidad proporcionada por el paciente o el cuidador.

- Necesita la documentación del consentimiento anticipado al menos una vez al año (puede ser escrito, electrónico o verbal)

- El HCPCS G2010 necesita seguimiento e interpretación para el paciente o/y el cuidador en un plazo de 24 horas laborables (el seguimiento puede realizarse a través de una comunicación en el portal del paciente, un texto/correo electrónico seguro, un teléfono o un vídeo bidireccional)

- Durante el COVID-19 PHE solamente, se puede proporcionar tanto a los pacientes nuevos como a los establecidos.

Evaluación Remota de Video Grabado o/y Foto (Imagen) por un Proveedor de Atención Sanitaria no Médico (HCPCS G2250)

- El HCPCS G2250 implica la presentación de informes de proveedores sin E/M dentro de su ámbito de práctica reconocido, como psicólogos clínicos, fisioterapeutas, trabajadores sociales clínicos autorizados, patólogos del habla y del lenguaje y terapeutas ocupacionales.

- El HCPCS G2250 incluye el vídeo o/y la imagen pregrabados de buena calidad proporcionados por el paciente o el cuidador.

- Necesita la documentación del consentimiento anticipado al menos una vez al año (puede ser escrito, electrónico o verbal).

- El HCPCS G2250 necesita seguimiento e interpretación para el paciente o/y el cuidador en un plazo de 24 horas laborables (el seguimiento puede realizarse a través de una comunicación en el portal del paciente, un texto/correo electrónico seguro, un teléfono o un vídeo bidireccional).

- Durante el COVID-19 PHE solamente, se puede proporcionar tanto a los pacientes nuevos como a los establecidos.

Servicios Digitales de E/M en Línea o Visitas Electrónicas

Comunicaciones digitales realizadas a través de un portal seguro del paciente o de cualquier plataforma segura (por ejemplo, aplicaciones digitales seguras o correo electrónico seguro) durante un periodo de siete días que aborden un síntoma o problema agudo que no necesite una visita presencial o de telesalud. Estos servicios pueden incluir lo siguiente:

CPT 99421: El CPT 99421 debe utilizarse para los servicios E/M digitales en línea prestados a un paciente establecido por un profesional cualificado (es decir, médico, asistente médico, enfermera), durante un máximo de siete días acumulativos, y requiere un mínimo de 5 a 10 minutos.

CPT 99422: El CPT 99422 se reporta para servicios E/M digitales en línea proporcionados a un paciente establecido por un proveedor calificado (es decir, médico, asistente médico, enfermera), por hasta siete días acumulativos, y requiere un mínimo de 11-20 minutos.

CPT 99423: Se recomienda para los servicios E/M digitales en línea prestados a un paciente establecido por un profesional cualificado (es decir, médico, asistente médico, enfermera), durante un máximo de siete días acumulativos, y que implica 21 minutos o más.

CPT 98970: El CPT 98970 se recomienda para los servicios de evaluación y gestión digital en línea, prestados a un paciente establecido por un proveedor sanitario cualificado que no sea médico (es decir, psicólogo clínico, trabajadores sociales clínicos autorizados, terapeuta ocupacional, fisioterapeutas y patólogos del habla y el lenguaje), durante un máximo de siete días acumulativos, y requiere un mínimo de 5 a 10 minutos.

CPT 98971: Se utiliza para informar de los servicios de evaluación y gestión digital en línea prestados a un paciente establecido por un proveedor de atención sanitaria no médico cualificado (es decir, psicólogo clínico, trabajadores sociales clínicos autorizados, terapeuta ocupacional, fisioterapeutas y patólogos del habla y el lenguaje), durante un máximo de siete días acumulativos, y requiere un mínimo de 11 a 20 minutos.

CPT 98972: Evaluación y gestión digital en línea, proporcionada a un paciente establecido por un profesional sanitario no médico cualificado (es decir, trabajadores sociales clínicos licenciados, psicólogos clínicos, fisioterapeutas, terapeutas ocupacionales y patólogos del habla y del lenguaje), hasta siete días acumulativos, y requiere 21 minutos o más.

Consideraciones Importantes

- No informe de los servicios de evaluación y gestión digital en línea para las comunicaciones electrónicas no evaluativas, como la programación de citas o la revisión de los resultados de las pruebas.

- Las visitas electrónicas son comunicaciones iniciadas por el paciente que no pueden vincularse a una evaluación y gestión o a un servicio notificable anterior para el mismo asunto dentro de los últimos siete días. No informe de un servicio de E/M digital en línea si se produce un servicio notificable por separado dentro del plazo de siete días para el mismo asunto.

- El tiempo de siete días comienza cuando el proveedor revisa individualmente el problema generado por el paciente y se acumula durante los siete días siguientes en los que se aborda el problema. Hay que recordar que el tiempo de servicio incluye la revisión de la consulta inicial, la revisión de la historia clínica del paciente o de los datos asociados al problema, la interacción individual con otro personal clínico asociado al problema del paciente, la recomendación de planes de gestión, la elaboración de recetas, la solicitud de análisis de laboratorio y la comunicación posterior con el cuidador/paciente a través del correo electrónico en línea, el teléfono u otras herramientas de comunicación con soporte digital.

- Todos los profesionales sanitarios cualificados del mismo grupo de prácticas que contribuyen a la evaluación digital en línea del mismo asunto contribuyen al tiempo de servicio acumulado.

- Durante la emergencia de salud pública COVID-19 solamente, pueden ser reportados tanto para los pacientes nuevos como para los establecidos.

- Los CPT 99453, 99454, 99091, 99457 y 99458 se recomiendan para los servicios de monitorización remota de pacientes, que se explican en la sección siguiente.

Capítulo

6

Monitorización Remota de Pacientes (RPM): Una Nueva Cara de la Atención Sanitaria Domiciliaria Moderna

La Sección de monitorización remota de pacientes está preparada para orientar a los programas de Visita Domiciliaria en la aplicación de los servicios de RPM para la atención de sus pacientes tras la expansión y la aceleración de la demanda de telemedicina resultante de la pandemia de COVID-19. Sin embargo, es importante entender que la monitorización remota de pacientes no está propuesta por separado por la definición de los Centros de Servicios de Medicare y Medicaid (CMS); por lo tanto, la oportunidad de solicitar el reembolso utilizando tecnología para los servicios de

monitorización remota de pacientes probablemente
continuará después de que finalice la emergencia de
salud pública del COVID-19 (Prevounce Health,
2021)

Introducción de los Servicios RPM

La monitorización remota del paciente se define
como la aplicación de la tecnología a través de
dispositivos médicos para obtener y analizar los datos
fisiológicos del paciente para desarrollar un plan de
gestión relacionado con un problema de salud o
enfermedad aguda y/o crónica. Los datos fisiológicos,
como la glucosa en sangre o la presión arterial, deben
recogerse digitalmente, lo que, según explica el CMS,
se transmite automáticamente a la consulta. La
monitorización remota del paciente puede ser
facturada por profesionales sanitarios cualificados (es
decir, médicos, asistentes médicos, enfermeras
profesionales), pero los servicios de monitorización y
gestión de los cuidados del plan de gestión pueden
prestarse en coordinación con el personal clínico bajo
la supervisión general del proveedor que factura. Los
CMS explicaron que durante el COVID-19 PHE, los
servicios de RPM pueden prestarse tanto a pacientes
nuevos como a los ya establecidos. Al final de la
emergencia de salud pública COVID-19, los CMS
explicaron aún más su política afirmando que será
necesaria una relación establecida entre paciente y
proveedor para facturar los servicios de RPM. Los

servicios de RPM requieren el consentimiento del paciente; sin embargo, pueden adquirirse en el momento de la prestación de los servicios.

Requisitos Previos de RPM

Es importante que los profesionales sanitarios cualificados comprendan todas las necesidades y lo que hay que documentar antes de facturar los servicios de RPM. Los requisitos básicos pueden incluir lo siguiente:

- Los servicios de RPM deben iniciarse durante un encuentro presencial o (telesalud durante la emergencia de salud pública COVID-19) para los pacientes que no hayan sido atendidos en el último período de 12 meses.

- El consentimiento del paciente es necesario y debe estar documentado para los servicios de RPM.

- El dispositivo RPM debe cumplir con los criterios de la FDA de un "dispositivo médico" (no tiene que ser esencialmente aprobado por la FDA, pero aún debe cumplir con los requisitos básicos). El dispositivo médico es necesario para la recogida y transmisión de datos fisiológicos válidos y fiables que faciliten la comprensión del estado de salud actual de un paciente para proponer y gestionar un plan de tratamiento (Office of Regulatory Affairs,

2018).

- Los CMS recomendaron los CPT 99457 y 99458 para prestar servicios de gestión de la atención mediante el uso de herramientas de comunicación interactivas. Al igual que con la prestación de servicios de gestión de la atención, el tiempo del personal clínico relacionado con los CPT 99457 y 9945 puede ser reportado bajo la supervisión general del proveedor de facturación. Personal clínico significa un individuo que proporciona asistencia bajo la supervisión de un médico u otro proveedor de atención médica calificado y que está permitido por la regulación, la ley y la política de la instalación para ayudar en la realización de un servicio profesional pertinente, pero no reporta personalmente ese servicio profesional específico (Por favor, consulte la Regla Final del Programa de Tarifas para Médicos CY 2021 y el libro de códigos CPT para la fuente de referencia primaria).

- Se necesita un mínimo de 16 días para prestar y facturar los servicios de RPM relacionados con los CPT 99453 y 99454; se recomienda que los datos se recojan y transmitan cada 30 días. Los CMS también finalizaron el requisito de datos de 16 días, y permanecerá sin cambios en su política final incluso después de que la emergencia de salud pública COVID-19 termine.

- Los servicios de RPM también pueden facturarse en combinación con los servicios de CCM (Gestión de Cuidados Crónicos), TCM (Gestión de Cuidados de Transición) y BHI (Integración de Salud Mental) siempre que no se contabilicen por duplicado el esfuerzo y el tiempo.

- De acuerdo a la Regla Final del Programa de Honorarios Médicos del CY 2021 y el libro de códigos CPT (CMS, 2021), usted no debe contar ningún tiempo de RPM en un día o período cuando el proveedor que factura reporta un servicio E/M cara a cara. Nota: Durante el PHE de COVID-19, CMS relajó el requisito de 16 días mínimos para facturar la prestación de servicios de RPM, pero la relajación es sólo para aquellos pacientes que tienen COVID-19 confirmado o sospechoso. En tales circunstancias, los CMS reconocieron el valor de la monitorización a corto plazo (debe ser al menos durante dos días) para problemas agudos y se permite el pago de los códigos CPT 99453, 99454, 99091, 99457 y 99458.

Algunos Componentes Clave de los Servicios de RPM

Episodio de atención de RPM: El episodio asistencial de RPM se inicia cuando el servicio de monitorización fisiológica a distancia y finaliza con el cumplimiento de los objetivos de tratamiento establecidos.

Comunicación Interactiva (Pertinente a CPT 99457 & 99458): Una comunicación sincrónica en tiempo real entre el proveedor de facturación o el personal clínico y un paciente a través de audio bidireccional que es capaz de ser intensificado con vídeo u otras formas avanzadas de transmisión de datos.

Plan de cuidados RPM: Los servicios de RPM incluyen el establecimiento de un plan de atención mediante la evaluación y el análisis de los datos del paciente. Tras la recopilación de los datos del primer mes, los CMS esperan que el proveedor de facturación establezca un plan de atención con el paciente. A continuación, el proveedor debe seguir el plan de atención hasta que se cumplan los objetivos previstos, lo que indica el final del episodio de atención.

Recuerde que, según los CMS, los CPT 99457 y 99458 se formulan como servicios de gestión de la atención que necesitan un plan de atención pertinente para que los servicios de RPM se establezcan, supervisen, apliquen y revisen, e implican la prestación de servicios de apoyo. El plan de cuidados puede asociarse a uno o más problemas crónicos que se controlan a distancia y pueden prestarse bajo supervisión general. "Supervisión general" significa que, en determinadas condiciones, cuando el proveedor de facturación no presta personalmente el servicio, éste se sigue prestando bajo su debido control y dirección. Sin embargo, su presencia física no es necesaria. El calendario y la secuencia de cuándo informar de los distintos códigos RPM pueden resultar confusos. El siguiente es un cronograma recomendado de la secuencia de facturación para ciertos códigos RPM delineados en la Regla Final del Programa de Tarifas Médicas del CY 2021:

CPT 99453: El CPT 99453 debe ser reportado durante el mes calendario inicial del servicio de RPM. Refleja el tiempo del personal clínico que implica discusiones con un cuidador o/y paciente sobre cómo utilizar uno o más dispositivos médicos (Debe facturarse sólo una vez por episodio de atención).

CPT 99454: El CPT 99454 se reporta al final del mes una vez que se tienen al menos 16 días de datos fisiológicos del paciente. También se recomienda para el suministro del dispositivo médico al paciente que transmite digitalmente y automáticamente los datos fisiológicos a la oficina del proveedor (una vez por cada período de 30 días).

CPT 99091: Tras la recogida de los primeros 30 días de datos fisiológicos, si el proveedor consume al menos 30 minutos (todo el tiempo del proveedor de facturación) de tiempo indirecto del paciente para analizar y revisar esos datos con el fin de establecer planes de tratamiento y/o desarrollar o discutir el plan de cuidado específico de RPM con el cuidador/paciente, entonces se puede presentar este código.

CPT 99457: El CPT 99457 se recomienda para el servicio de gestión de cuidados y debe ser reportado sólo una vez que se tenga un mínimo de 16 días de datos del paciente y se haya establecido un plan de cuidados específico para el cuidador/paciente. Este es un código puramente basado en el tiempo que implica al menos 20 minutos de facturación de tiempo del proveedor y del personal clínico. El CPT 99457 requiere una comunicación interactiva con el cuidador/paciente y es para la interpretación, monitorización y comunicación con el cuidador/paciente sobre los valores y resultados de los datos fisiológicos.

CPT 99458: El CPT 99458 se recomienda para el servicio de gestión de cuidados. Se trata de un código adicional que debe utilizarse junto con el CPT 99457 (al menos 40 minutos por mes natural para presentar tanto el 99457 como el 99458) que implica la aplicación de una comunicación interactiva con el cuidador/paciente por parte del proveedor de facturación o del personal clínico.

El Futuro de los Servicios de Telesalud

Aunque la interacción cara a cara siempre es

importante y nunca desaparecerá, los servicios de telesalud han demostrado ser tremendamente valiosos y continuarán, incluso después de la emergencia de salud pública COVID-19 (Kichloo et al., 2020).

Un aspecto cada vez más potente de los servicios de telesalud es la RPM (monitorización remota de pacientes), que consiste en el uso de dispositivos portátiles de alta tecnología para el seguimiento y registro de los datos de los pacientes por parte de los profesionales sanitarios en matrices como la frecuencia cardíaca, los niveles de glucosa, la presión arterial y los niveles de oxígeno en sangre.

El futuro de los servicios de telesalud es brillante, y se espera que las nuevas tecnologías virtuales mejoren continua y rápidamente durante la próxima década. Los investigadores trabajan y desarrollan tecnologías digitales para optimizar aún más las visitas médicas virtuales.

Sección

3

Opciones Avanzadas de Codificación y Oportunidades de Reembolso

E sta Sección está diseñada para los proveedores de atención primaria en el hogar (HBPC) y el personal de la práctica para ayudarles a entender las oportunidades de codificación avanzada más allá de los códigos CPT de E/M (Evaluación y Gestión) que están disponibles dependiendo del mayor nivel de complejidad de los requisitos del paciente. Estos códigos avanzados deben estar alineados con la atención proporcionada y permitir a los proveedores maximizar sus reembolsos de Medicare Fee-for-Service. Por favor, visite la Red de Aprendizaje de Medicare de CMS (MLN) para obtener la última información detallada sobre las directrices actualizadas (MLN Home Page | CMS, 2021).

Capítulo

7

Gestión de Cuidados Transitorios
(TCM)

L a gestión de la atención de transición es la gestión de la atención supervisada de los beneficiarios de Medicare que regresan a su propio hogar, a un centro de vida asistida, a un domicilio o a una casa de reposo tras una estancia en un hospital de observación o de hospitalización, en un centro de rehabilitación o en un centro de enfermería especializada (Tools and Tip Sheets, 2021). Varios estudios han demostrado que los consultorios que ofrecen un modelo de gestión de la atención de transición minimizan los reingresos hospitalarios no planificados de 30 días hasta en un 30%. Los consultorios pueden considerar la posibilidad de implementar el modelo de atención de TCM para gestionar a sus pacientes de alta aguda para promover un seguimiento más acelerado, mejorar la atención y lograr resultados positivos.

- Los servicios de MTC pueden prestarse tanto a pacientes nuevos como a los ya establecidos, cuyos problemas clínicos o/y psicosociales requieren una complejidad moderada o alta en la toma de decisiones médicas.

- La MTC se inicia en la fecha de alta del paciente y persiste durante los 29 días siguientes.

- Necesita una documentación adecuada de la comunicación interactiva del paciente (puede ser cara a cara o por teléfono) con el cuidador y/o el paciente en los dos días laborables siguientes al alta.

- Los médicos y los profesionales que no son médicos, como los enfermeros profesionales, los asistentes médicos, los especialistas en enfermería clínica y las enfermeras obstétricas certificadas, que están legalmente cualificados y autorizados para prestar sus servicios en el estado en el que se prestan los servicios al paciente, pueden realizar MTC.

- Debe realizarse una visita presencial con el paciente en un plazo de 7 a 14 días hábiles desde el alta.

- El CPT 99495 debe ser reportado como el código de Evaluación y Manejo para el encuentro cara a cara posterior al alta que debe tener lugar dentro de los 14 días hábiles posteriores al alta y necesita una complejidad moderada en la toma de decisiones médicas.

- Se recomienda el CPT 99496 como código de evaluación y gestión para un encuentro presencial posterior al alta que debe producirse dentro de los siete días hábiles siguientes al alta y necesita una alta complejidad en la toma de decisiones médicas.

- Como los CMS siguen mejorando el pago de la gestión y coordinación de la atención y consideran que la aplicación de la MTC es baja en comparación con la frecuencia de los beneficiarios de Medicare con altas elegibles, han desacoplado los servicios de gestión de la atención que antes se consideraban duplicados. Los servicios de MTC pueden ahora notificarse simultáneamente (es decir dentro del mismo mes natural) como la gestión de la atención crónica (99490, 99491, 99487, 99489, 99439), la planificación anticipada de la atención (99497, 99498), la supervisión del plan de atención (G0181, G0182), los servicios de integración de la salud conductual (99484, 99492, 99493, 99494 y G2214), Servicios prolongados presenciales y no presenciales (99358, 99359), Evaluación cognitiva y planificación de cuidados (99483), Consultas interprofesionales (99446, 99447, 99448, 99449, 99451, 99452), Monitorización remota de pacientes (99457, 99458) y Servicios de gestión de cuidados principales (G2064, G2065). Es importante asegurarse de que el tiempo no se "contabiliza" para múltiples servicios de gestión de la atención mientras se factura o se informa de los servicios de MTC y de gestión de la atención para el mismo paciente dentro del mismo mes natural.

Capítulo

8

Gestión de Cuidados Crónicos (CCM)

L a gestión de la atención crónica es una parte vital de la medicina de atención primaria que resulta extremadamente útil para mejorar la salud y la atención de los beneficiarios de Medicare. La gestión de los cuidados crónicos, según explican los CMS, consiste en un mínimo de 20 minutos de tiempo combinado del proveedor y del personal clínico por mes natural. Este tiempo debe dedicarse a la coordinación de los cuidados y a la gestión de los problemas crónicos de los pacientes. Los beneficiarios de Medicare son elegibles para los servicios de Gestión de Cuidados Crónicos si tienen al menos dos o más problemas crónicos que se espera que duren un mínimo de 12 meses o hasta la muerte. El tiempo del personal clínico debe ser supervisado por un médico u otro profesional sanitario cualificado, por mes natural. La Gestión de Cuidados Crónicos también necesita que se desarrolle, supervise, aplique y revise un plan de cuidados exhaustivo según sea.

- Es necesario el consentimiento verbal o escrito del paciente antes de iniciar los servicios de MCC. La documentación adecuada del consentimiento previo antes de iniciar los servicios de CCM puede incluir la actualización del paciente sobre la disponibilidad de los servicios de gestión de cuidados crónicos y la posible participación en los costes aplicable, como los copagos, que sólo un proveedor puede facturar/prestar servicios de gestión de cuidados crónicos durante el mes natural, y el derecho del paciente a finalizar los servicios de gestión de cuidados crónicos en cualquier momento. Los CMS sólo necesitan que se obtenga el consentimiento informado una vez antes de facturar los servicios de Gestión de Cuidados Crónicos, a menos que haya un cambio de proveedor de facturación. Consulte la página web de Gestión de Cuidados siete para obtener información adicional.

- Sólo un proveedor cualificado y elegible (médico, asistente médico, enfermero profesional, especialista en enfermería clínica y enfermera-partera certificada) puede proporcionar y ser facturado o pagado por los servicios de MCP durante un mes natural.

- En el caso de los pacientes que no hayan sido atendidos en el plazo de un año antes del inicio de los servicios de gestión de cuidados crónicos o de los nuevos pacientes, el consentimiento anticipado y el inicio de los servicios deben tener lugar durante un encuentro presencial con el proveedor que factura.

- Los pacientes elegibles deben tener dos o más problemas crónicos documentados y controlados. Se espera que los problemas crónicos duren un mínimo de 12 meses o hasta el fallecimiento, y que sitúen al paciente en una situación de exacerbación aguda, mayor riesgo de muerte o deterioro funcional (por ejemplo, EPOC, demencia de Alzheimer, enfermedad cardiovascular).

- Los requisitos para la gestión de los cuidados crónicos que deben ofrecerse a los pacientes inscritos en los servicios de MCP pueden ser los siguientes:

  - Visita inicial (necesaria para pacientes nuevos o que no han sido atendidos en 12 meses).

- Registro de la información del paciente en forma de datos estructurados a través de la tecnología de la historia clínica electrónica (HCE) certificada.

- Acceso continuo o 24/7 y Continuidad de la atención (es decir, disponibilidad de guardia fuera de horario y relación profesional con un miembro dedicado del equipo de atención con el que el paciente puede coordinar y programar las sucesivas citas rutinarias).

- Servicios de gestión de cuidados integrales para problemas crónicos que incluyen la evaluación sistemática de las demandas médicas, psicosociales y funcionales del paciente.

- Debe desarrollarse un Plan de Atención Electrónico Centrado en la Persona. El plan de cuidados formal y separado debe ser desarrollado, supervisado y/o revisado según sea necesario. Se debe proporcionar una copia del plan de cuidados integral al cuidador/paciente.

- Debe haber una gestión adecuada de las transiciones asistenciales.

- Debe haber una adecuada coordinación de la atención domiciliaria y comunitaria.

- Debe haber un establecimiento de

oportunidades de comunicación mejoradas, como un acercamiento fácil a formas de comunicación electrónica distintas del teléfono, como la mensajería segura, los portales de pacientes u otras formas de consulta asincrónica no presencial.

- La MCC compleja (CPT 99487, 99489) necesita una toma de decisiones médicas (MDM) de complejidad media a severa descrita por el proveedor de la facturación.

• Los CMS explican el plan de atención integral del MCP como un plan de atención electrónico centrado en el paciente que depende de la evaluación mental, física, psicosocial, cognitiva, ambiental y funcional y de un inventario de recursos para todas las condiciones de salud, con un enfoque especial en los problemas crónicos que se están gestionando. Una copia del plan de atención integral debe ser proporcionada al cuidador/paciente inicialmente al desarrollar el plan. El plan de gestión de los cuidados crónicos, formal e independiente, debe estar disponible y accesible dentro de la historia clínica. Debe compartirse puntualmente con los miembros pertinentes del equipo de atención. Según los CMS, el plan de atención integral suele incluir los siguientes componentes:

- Lista de problemas
- Resultado esperado y pronóstico
- Objetivos de gestión medibles
- Manejo de los síntomas

- Intervenciones planificadas y reconocimiento de las personas responsables de cada intervención

- Gestión de los medicamentos

- Se ordenaron los servicios sociales y comunitarios

- Una descripción detallada de cómo se dirigen o coordinan las agencias, los servicios y los especialistas ajenos a la consulta

- Necesita un calendario para el análisis periódico y, cuando sea posible, las revisiones (considere la posibilidad de actualizar y analizar el plan de atención del MCP anualmente como un componente de las visitas anuales de bienestar)

- CPT 99490: Mínimo de 20 minutos del tiempo del personal clínico según la supervisión de un médico o proveedor de atención médica calificado por mes calendario

- CPT 99439: un código adicional que sólo puede ser reportado y facturado en conjunto con el CPT 99490

- CPT 99491: recomendado para un mínimo de 30 minutos realizados individualmente por el médico u otro profesional sanitario cualificado por mes natural

- CPT 99487: debe informarse de los servicios de gestión de cuidados crónicos complejos prestados con un mínimo de 60 minutos de tiempo de personal clínico supervisado por un médico o proveedor de atención sanitaria cualificado por mes natural

- CPT 99489: recomendado por cada 30 minutos adicionales de tiempo del personal clínico supervisado por el médico u otro proveedor de atención sanitaria cualificado

- HCPCS G0506: debe presentarse para la evaluación integral y la planificación de la atención por parte del médico u otro proveedor de atención sanitaria cualificado para los pacientes que necesitan servicios de gestión de la atención crónica. Debe facturarse por separado de los servicios de gestión de cuidados mensuales. G0506 es facturable sólo una vez por paciente en combinación con la iniciación de MCP. Este código sólo debe utilizarse para pacientes nuevos cuando el proveedor que factura dedica personalmente un tiempo directo cara a cara mientras crea y discute el plan de atención de MCP con el cuidador o el paciente/cuidador.

- La gestión de los cuidados crónicos está

agrupada, lo que significa que no puede facturarse en el mismo mes natural que los servicios mencionados a continuación:

- Supervisión del plan de cuidados (G0181 & G0182)

- Servicios de ESRD (90951-90970)

- Servicios Prolongados No Presenciales (99358, 99359)

- Monitorización del INR a domicilio y ambulatoria (93792, 93793)

- Servicios E/M telefónicos (99441-99443)

- Análisis de datos fisiológicos (99091)

- No presente los códigos CPT 99487, 99489, 99490 o 99491, dentro del mismo mes natural. El proveedor debe elegir un tipo de servicio de MCP que indique sus esfuerzos y su tiempo.

- Como se describe en 2020, Medicare Physician Fee Schedule Final Rule, tanto los servicios CCM como TCM fueron desagregados y pueden ser facturados dentro del mismo mes calendario para los objetivos tradicionales de Medicare. Sin embargo, CPT sigue considerando los servicios de MCC y MTC como agrupados, por lo que las políticas de los pagadores comerciales pueden variar en consecuencia.

Capítulo

9

Gestión de Cuidados Básicos (PCM)

L os servicios de gestión de cuidados principales (PCM) son casi como los servicios de gestión de cuidados crónicos. Sin embargo, estos servicios se centran mucho más en la gestión integral de la atención de una única afección de alto riesgo de suficiente gravedad como para que el paciente siga corriendo el riesgo de ser hospitalizado, o bien esta afección debe haber sido el motivo de la última hospitalización que conduzca al establecimiento o la revisión de un plan de atención específico para la enfermedad.

- El consentimiento verbal del paciente es esencial y debe documentarse para informar de la participación en los gastos aplicable y para que el paciente sepa que sólo un proveedor puede prestar y facturar los principales servicios de gestión de la atención por mes natural.

- El PCM requiere un encuentro inicial para un nuevo paciente que se factura por separado.

- Cuando un paciente se inscribe en los servicios de gestión de cuidados principales, se requiere el registro de información en forma de datos estructurados a través de la tecnología de historias clínicas electrónicas certificadas (EHR), junto con el acceso 24 horas al día, 7 días a la semana (guardia fuera de horario), la gestión de los cuidados específicos de la enfermedad, un miembro del equipo de cuidados dedicado y designado, un plan de cuidados electrónico específico de la enfermedad, la gestión de derivaciones y transiciones, la coordinación de los cuidados en la comunidad y en el hogar, y mejores oportunidades de comunicación.

- HCPCS G2064: PCM, 30 minutos de tiempo del profesional sanitario al mes por una sola condición de alto riesgo. • HCPCS G2065: PCM, 30 minutos de tiempo del profesional sanitario y del personal clínico por un mes calendario para una sola condición de alto riesgo.

- Los CMS explicaron en la Regla Final del Programa de Tarifas Médicas del CY 2021 que los códigos de los servicios de Gestión de Cuidados de Principio serán reemplazados por códigos CPT en el CY 2022.

Capítulo

10

Planificación de Cuidados Avanzados (ACP)

La planificación anticipada de la atención médica (PAA) es una conversación cara a cara entre un profesional sanitario cualificado y el cuidador o el paciente para hablar de los deseos de atención médica del paciente en caso de que éste no pueda tomar decisiones sobre su atención. La planificación anticipada de la atención médica puede incluir una descripción detallada de las directivas anticipadas como los formularios estándar, con o sin completar los formularios. Los CMS esperan que la planificación anticipada de la atención se facture cada vez que se produzca un cambio pertinente en el estado de salud del paciente o que el proveedor dedique tiempo a dirigir una conversación que apoye al cuidador/paciente mientras éste que decidan y documenten sus prioridades al final de la vida.

- La planificación anticipada de los cuidados debe ser voluntaria, y el proveedor debe documentar el consentimiento anticipado del cuidador o del paciente para contribuir voluntariamente a la discusión de la planificación anticipada de los cuidados. Los CMS también esperan y alientan a los proveedores a que informen al paciente de los posibles costes compartidos aplicables cuando esto tenga lugar fuera de una visita de bienestar anual.

- Los ACP deben ser encuentros cara a cara y sólo implican el tiempo consumido en discutir las prioridades del paciente y las directivas anticipadas; el tiempo consumido en otros aspectos del encuentro no puede ser considerado para este componente de servicio.

- Los principales ejemplos de formularios estándar pueden ser el testamento vital, las órdenes del médico para el tratamiento de mantenimiento de la vida (POLST), el poder para la atención sanitaria y las órdenes del médico para el alcance del tratamiento (POST).

- La Planificación de Cuidados Anticipados

puede facturarse en combinación con AWV, CCM, E/M, y/o TCM.

- La documentación para el ACP debe incluir los detalles de la discusión y el tiempo exacto consumido para discutir las directivas anticipadas.

- CPT 99497: se recomienda para la planificación de cuidados anticipados, incluyendo la discusión y explicación de las directivas anticipadas proporcionadas por el médico u otro proveedor de atención médica calificado. Debe ser reportado para un encuentro cara a cara con el paciente, los miembros de la familia, y/o el sustituto en los primeros 30 minutos.

- CPT 99498: debe utilizarse para la planificación de cuidados anticipados, incluyendo la discusión y explicación de las directivas anticipadas, tales como formularios estándar, entregados por el médico u otro proveedor de atención médica calificado por cada 30 minutos adicionales.

- La planificación anticipada de los cuidados también está en la lista de servicios de telesalud aprobados por Medicare. Por lo tanto, los servicios de ACP pueden prestarse y facturarse a través de la telesalud. También es uno de los servicios específicos de telesalud que puede prestarse sólo por audio (llamada telefónica) y no necesita la aplicación de vídeo para facturar la conversación.

Capítulo

11

Servicios Prolongados sin Contacto Directo con el Paciente

L os servicios prolongados sin contacto directo con el paciente son aplicables cuando un proveedor de atención médica calificado (MD, DO, PA y NP) consume tiempo que se vincula a un encuentro E/M cara a cara, pero va más allá del tiempo normal correspondiente a ese código CPT. Medicare proporcionará reembolso por servicios prolongados no presenciales prestados a una visita E/M. Esto permite facturar a los proveedores de atención médica por el tiempo consumido en la revisión de extensas historias clínicas o el tiempo prolongado de conversación telefónica sobre la historia o el problema médico del paciente antes o después del encuentro.

- CPT 99358: recomendado para el servicio E/M prolongado antes y/o después de la atención directa al paciente, hora inicial. Al menos 31 minutos son esenciales para facturar

- CPT 99359: es un código adicional para el CPT 99358 y puede ser reportado para un servicio prolongado entregado por cada 30 minutos extra (después de la primera hora)

- Los servicios prolongados sin contacto directo con el paciente deben ir más allá del esfuerzo y el tiempo habituales que un médico o proveedor de atención sanitaria cualificado consumiría con el paciente, y debe documentarse por qué el servicio fue más allá del esfuerzo y el tiempo habituales.

- No puede facturarse por servicios que pueden vincularse con códigos más específicos sin tener un límite de tiempo superior, como la supervisión del plan de atención, las evaluaciones médicas en línea y las conferencias de equipo.

- El tiempo consumido puede ser después, en, o antes de la fecha del encuentro presencial, sin embargo, los servicios deben estar vinculados a un encuentro E/M. La documentación debe explicar qué se evaluó o revisó y cómo se utilizó el tiempo.

- Requiere que se registren en la historia clínica tanto la hora de inicio como la de finalización, el tiempo total y la DOS (fecha de servicio); el tiempo no requiere esencialmente ser continuo; sin embargo, debe tener lugar en la misma fecha del calendario.

- De acuerdo con las orientaciones de los CMS, debe consultar a su MAC (contratista administrativo de Medicare) local para conocer las necesidades de documentación adicional.

- Los servicios prolongados sin contacto directo con el paciente están agrupados, lo que significa que no pueden facturarse dentro del mismo mes natural que los servicios siguientes:

  - Supervisión del Plan de Cuidados (G0181, G0182)

  - Servicios de Monitorización del INR (93792, 93793)

  - E/M Digital en Línea (99421, 99422, 99423)

  - Servicios Generales de Integración de Salud Mental (BHI) (99484)

  - Gestión de Cuidados Crónicos (99487-9/ 99490/99491)

  - Gestión de Cuidados Integrados BHI (99492,99493, 99494).

- Los servicios prolongados CPT 99354, 99355, 99358 y 99359 también se recomiendan en los ámbitos domiciliario, doméstico, de enfermería especializada, de hospitalización y de observación.

Capítulo

12

Servicios Prolongados Con Contacto Directo con el Paciente

os servicios prolongados con contacto directo con
el paciente son aplicables cuando un proveedor de
asistencia sanitaria que cumple los requisitos (MD, DO,
PA y NP) consume tiempo extra cara a cara con el
paciente que va más allá del tiempo umbral del código
CPT habitual para ese servicio específico. Medicare
proporcionará el reembolso de los servicios prolongados
cuando se contacte directamente con el paciente para los
servicios en el entorno de hospitalización, ambulatorio o
de atención domiciliaria que van más allá del servicio
normal. Se recomienda su uso cuando el tiempo total
presencial consumido por el proveedor u otro profesional
sanitario cualificado profesional sanitario cualificado
supera en un mínimo de 30 minutos el tiempo normal

asignado al código básico de evaluación y gestión.

- Los servicios prolongados son en realidad códigos adicionales y deben facturarse con los códigos de evaluación y gestión que los acompañan.

- Se trata de servicios basados en el tiempo; por lo tanto, debe registrarse en la historia clínica el tiempo exacto empleado durante las visitas presenciales con el paciente y/o el cuidador.

- El tiempo no tiene que ser esencialmente continuo; sin embargo, debe tener lugar en la misma fecha del calendario. El encuentro debe ser directo, cara a cara, más allá del tiempo medio de visita del código facturado.

- La documentación debe explicar detalladamente por qué la visita fue más allá del tiempo de servicio habitual.

- CPT 99354: El CPT 99354 se reporta para servicios prolongados de E/M o psicoterapia, más allá y por encima del tiempo promedio de servicio de procedimiento primario, la primera hora.

- CPT 99355: Se recomienda el CPT 99355 para E/M o psicoterapia prolongada, con cada 30 minutos adicionales.

Capítulo

13

Servicios de Evaluación Cognitiva y Plan de Cuidados

L os servicios de evaluación cognitiva y plan de cuidados son una evaluación exhaustiva para un paciente nuevo o establecido que muestra signos y/o síntomas de deterioro cognitivo, y para el que es necesario confirmar o establecer la etiología, el diagnóstico o la intensidad de su problema. Medicare reembolsa a los médicos y otros proveedores de atención sanitaria cualificados por una evaluación de un paciente con deterioro cognitivo.

CPT 99483: recomendado para la evaluación y planificación de los cuidados de un paciente con deterioro cognitivo que necesita una evaluación independiente en la consulta o en otro ambulatoria, como una casa de reposo o un hogar, que puede ser reportada una vez cada 180 días por proveedor.

El CPT 99483 necesita que se entreguen y documenten los siguientes 10 componentes específicos del servicio:

1. Evaluación cognitiva, incluyendo la historia y el examen específicos

2. MDM (Toma de decisiones médicas) de complejidad modesta o severa

3. Evaluación funcional de las actividades básicas e instrumentales de la vida diaria, incluida la capacidad de toma de decisiones

4. Utilización de equipos estandarizados y recomendados para la estadificación de la demencia (es decir, calificación de la demencia clínica o prueba de estadificación de la evaluación funcional)

5. Conciliación adecuada de la medicación, así como revisión de los medicamentos de alto riesgo

6. Evaluación de las características neuropsiquiátricas y conductuales, incluidas la ansiedad y la depresión, mediante una herramienta de cribado estandarizada o recomendada

7. Evaluación de la seguridad como entorno doméstico, incluido el manejo de un vehículo de

motor

8. Reconocimiento de las necesidades del cuidador, del apoyo social, de los conocimientos, de las necesidades y de la disposición a asumir las tareas de cuidado

9. Establecimiento, examen, actualización o revisión de un plan de atención anticipada

10. Elaboración de un plan de cuidados por escrito, que incluya planes iniciales para el manejo de cualquier síntoma neurocognitivo, características neuropsiquiátricas restricciones funcionales y derivación a recursos comunitarios según sea necesario (por ejemplo, centros de rehabilitación, programas de atención diurna para adultos, grupos de apoyo). Recuerde que el plan de cuidados por escrito debe compartirse siempre con el cuidador o/y el paciente con apoyo y educación iniciales.

El CPT 99483 NO puede ser facturado en combinación con un código E/M o CCM. El tiempo habitual de cara a cara consumido con el cuidador o/y el paciente es de 50 minutos.

Capítulo

14

Servicios de Asesoramiento para Dejar de Fumar

S e trata de un servicio en el que el profesional sanitario asesora al paciente sobre la importancia de dejar de consumir tabaco. La mayoría de las aseguradoras privadas y Medicare reembolsan a los médicos y otros profesionales sanitarios cualificados el asesoramiento a los pacientes sobre el abandono del consumo de tabaco. El proveedor debe informar y documentar un diagnóstico de consumo de tabaco y puede informar de dos encuentros individuales para dejar de fumar por período de 12 meses. Recuerde que cada visita de informe puede incluir un máximo de cuatro sesiones intensivas o moderadas, con un beneficio total de ocho sesiones anuales.

La documentación de los servicios de asesoramiento para dejar de fumar debe incluir los siguientes componentes:

- La cantidad exacta de tiempo consumido en el asesoramiento para dejar de fumar (al menos cuatro minutos para facturar)

- Descripción breve y completa de la naturaleza del encuentro de asesoramiento y de la voluntad del paciente de dejar de consumir productos del tabaco

- Si se informa en conjunto con otro servicio, debe explicar en qué se diferenció del otro servicio prestado

- CPT 99406: recomendado para el encuentro de asesoramiento para dejar de fumar y consumir tabaco, de naturaleza intermedia, más de tres minutos y hasta 10 minutos

- CPT 99407: utilizado para el encuentro de asesoramiento para dejar de fumar y consumir tabaco, de carácter intensivo y más de 10 minutos

- El paciente debe tener un diagnóstico válido de CIE 10 F17.2xx que represente "Dependencia de la nicotina, no especificada, cigarrillos, tabaco de mascar, otros" o Z87.891 que describa "Antecedentes personales de

dependencia de la nicotina" para tener derecho
al reembolso.

- Documente el consumo de tabaco específico
  del paciente, su asesoramiento para dejar de
  fumar y los efectos negativos para la salud del
  tabaquismo, evaluando la disposición del
  paciente a la conducta de dejar de fumar,
  recomendando un cambio específico y fijando
  una fecha para dejar de fumar.

Capítulo

15

Servicio de Screening, Intervención Breve y Remisión a Tratamiento

L os servicios SBIRT son un enfoque basado en la evidencia para la prestación de servicios de intervención temprana y de gestión para las personas con trastornos por consumo de sustancias, y aquellos con mayor riesgo de establecer un trastorno por consumo de sustancias. Los servicios de detección, intervención breve y derivación a tratamiento (SBIRT) están destinados a la intervención temprana de personas con consumo de sustancias no dependientes para apoyarlas antes de que se requiera un tratamiento más avanzado y extenso tratamiento sea necesario.

- Los profesionales sanitarios que pueden facturar por los servicios de SBIRT son los médicos (MD y Dos), los enfermeros profesionales (NP), los asistentes médicos (PA), los psicólogos clínicos (CP), los especialistas en enfermería clínica (CNS), las enfermeras matronas certificadas (CNM), los trabajadores sociales clínicos (CSW) y los psicólogos que ejercen de forma independiente (IPP).

- Hay tres componentes básicos de los servicios SBIRT, que se describen a continuación:

  - Evaluación: Evalúe o examine al paciente mediante una herramienta de evaluación estructurada de Medicare para averiguar la gravedad y el tratamiento adecuado. Puede utilizar herramientas que incluyen el Test de Identificación de Trastornos por Consumo de Alcohol (AUDIT) de la O.M.S. y el Test de Detección de Abuso de Drogas (DAST).

  - Intervención breve: Se centran en aumentar la concienciación y ofrecer una visión adecuada sobre el consumo de sustancias y la motivación para un cambio de comportamiento positivo. Se trata de conversaciones breves en las que el profesional sanitario cualificado aumenta la concienciación y proporciona información, consejos y motivación. Medicare reembolsa hasta cinco sesiones de asesoramiento.

- Derivación a tratamiento: Derivar a los pacientes cuya evaluación representa la necesidad de un manejo adicional a la atención especializada.

Los informes y la documentación de cada visita al paciente deben incluir:

- Horas de inicio y finalización o tiempo completo cara a cara con el paciente

- La respuesta inicial del paciente a los cambios en el manejo, el progreso y la revisión del diagnóstico

- La razón por la que se solicitan los servicios de diagnóstico y otros servicios auxiliares o para asegurarse de que es fácilmente implícito

- Evaluación, diagnóstico e impresión clínica

- Resultados de la exploración física y de las pruebas diagnósticas anteriores

- Plan de atención

- Motivo de la visita y antecedentes

- Identificación de los factores de riesgo para la salud adecuados

- Hacer accesibles los diagnósticos presentes y

pasados a los médicos consultores y tratantes

HCPCS G2011: recomendado para la evaluación estructurada y la intervención breve de 5 a 14 minutos, relacionada con el abuso de alcohol o/y sustancias distintas del tabaco

HCPCS G0396: recomendado para la evaluación estructurada y la intervención breve de 15 a 30 minutos, relacionada con el abuso de alcohol o/y sustancias distintas del tabaco

HCPCS G0397: uso para la evaluación estructurada y la intervención breve de más de 30 minutos relacionada con el abuso de alcohol o/y sustancias distintas del tabaco

Capítulo

16

Gestión de Anticoagulación

L a gestión de la anticoagulación es la vigilancia y el control de la relación normalizada internacional del tiempo de protrombina (PT/INR) de los pacientes que toman Coumadin, warfarina y otros anticoagulantes orales a largo plazo. Medicare reembolsará a los médicos y otros proveedores de atención sanitaria cualificados los servicios de monitorización del cociente internacional normalizado (INR) en régimen ambulatorio y a domicilio en la gestión de la anticoagulación (Nicoletti, 2021).

Los dos servicios avanzados disponibles son los siguientes:

CPT 93792: se utiliza para la formación del paciente y/o del cuidador para la puesta en marcha inicial cuando se coloca a un paciente en un régimen de monitorización del Índice Internacional Normalizado (INR) en casa. Este servicio puede prestarse bajo la supervisión y dirección de un médico o proveedor de atención sanitaria cualificado.

La documentación del CPT 93792 requiere:

- Debe ser un encuentro cara a cara

- Debe incluir la educación del paciente sobre el cuidado y el uso del monitor de INR, la recepción de una muestra de sangre y las instrucciones para informar de los resultados de la prueba de INR en casa

- Documentación de la capacidad del paciente o/y del cuidador para realizar las pruebas e informar de los resultados de las mismas

CPT 93793: se recomienda para la revisión y posterior gestión de una nueva prueba en el consultorio, en el domicilio o en el laboratorio, una vez al día, independientemente del número de pruebas revisadas. Recuerde que este código no es facturable con un servicio E/M. La documentación del CPT 93793 requiere:

  - Revisión e interpretación de los resultados de las pruebas

  - También puede incluir los resultados de las pruebas junto con las instrucciones para el paciente y el ajuste de la dosis, si es esencial

- Programación de más pruebas cuando sea necesario

Ni el 93793 ni el 93792 son facturables con los servicios de gestión de cuidados transitorios y/o gestión de cuidados crónicos porque la monitorización de PT/INR se considera incluida en los servicios de TCM y/o CCM.

Capítulo

17

Servicios Generales de Integración de la Salud Mental (BHI) y Gestión de la Atención

S e recomienda la integración de la salud conductual (BHI) en general y los servicios de gestión de la atención para facturar los servicios mensuales prestados mediante la prestación de servicios integrados de salud mental y atención primaria.

CPT 99484: debe utilizarse para informar de un mínimo de 20 minutos de servicios de gestión de la atención para un problema de salud mental en un mes natural. Puede ser un trabajo coordinado realizado por un proveedor de facturación y personal clínico. Medicare espera que 15 minutos sean por parte del profesional que factura. Por favor, consulte la Red de Aprendizaje de Medicare17 para obtener todos los detalles. Los componentes del servicio para el CPT 99484 incluyen lo siguiente:

- Evaluación y seguimiento sistemáticos con el uso de una escala de valoración estándar y validada aplicable; si se necesita una evaluación inicial, puede facturarse por separado

- Planificación de los cuidados con el paciente y el equipo de atención primaria, con revisión si el problema no mejora

- Relación profesional continua con un miembro del equipo de atención dedicado

- Coordinación y facilitación del tratamiento de salud mental

- El consentimiento anticipado del paciente, ya sea escrito o verbal, es esencial y debe constar en la historia clínica para asegurarse de que el paciente conoce y es consciente del coste compartido aplicable.

- Los requisitos para el servicio y la documentación del CPT 99484 incluyen la evaluación o el seguimiento del paciente, el establecimiento y la revisión del plan de atención, la facilitación y la coordinación del tratamiento con el paciente y las partes implicadas, y el mantenimiento de una relación positiva continua con un miembro designado del equipo de atención.

• En ocasiones, el mismo proveedor puede presentar servicios generales de salud mental (99484) y servicios tradicionales de gestión de la atención (CPT 99490) en el mismo mes natural si se prestan diferentes servicios de gestión de la atención. El esfuerzo y el tiempo deben contarse una vez para cualquiera de las dos actividades, a fin de evitar la doble contabilización del tiempo para el mismo tipo de esfuerzo.

• También debe explorar los Servicios de Gestión de Atención Colaborativa Psiquiátrica (CoCM) si su práctica incluye un consultor psiquiátrico y un gestor de atención de salud conductual. Los servicios de gestión de la atención colaborativa psiquiátrica (CoCM) deben notificarse con los códigos CPT 99492 - 99494 y HCPCS G2214 para el tiempo dedicado por el gestor de atención conductual.

Otras Actualizaciones Importantes de la Codificación

1. A partir del 01/01/19, los CMS eliminaron el requisito de que los proveedores informen y expliquen por qué un paciente es atendido en el hogar en lugar de en el consultorio si el

encuentro es clínicamente esencial. Esto significa que los proveedores ya no están obligados a informar en sus notas de progreso por qué un paciente fue visto en el hogar en lugar de la oficina. La decisión de ver al paciente en su casa se deja en manos del paciente o del proveedor.

2. A partir del 01/01/19, Medicare ofrece el reembolso de los códigos de consulta interprofesional por Internet. Los servicios de consulta interprofesional por Internet deben ser solicitados formalmente por el proveedor tratante o asistente. Las consultas sólo son pagables para aquellos proveedores que están autorizados a facturar servicios E/M. El proveedor consultor debe ser siempre de una especialidad diferente a la del proveedor solicitante.

3. Los CMS explicaron su amplia política de que los proveedores de facturación (médicos, asistentes médicos, enfermeras profesionales) y algunos proveedores no médicos, incluidos los terapeutas, pueden verificar y revisar la documentación reportada en el registro médico por los miembros del equipo médico designado para sus propios servicios prestados reembolsados bajo la lista de honorarios médicos. Esta política puede incluir a los

estudiantes que trabajen bajo la supervisión de un proveedor que preste y facture a Medicare directamente por sus servicios, siempre que la documentación sea verificada y revisada por el proveedor de facturación.

4. Durante la duración de la emergencia de salud pública COVID-19 o hasta el 31 de diciembre de 2021 (lo que ocurra más tarde), para minimizar la exposición a la infección, los CMS cambiaron la definición de supervisión directa e incluyeron la disponibilidad virtual del profesional o médico supervisor a través de la tecnología de comunicación interactiva de vídeo y audio en tiempo real.

Capítulo

18

Servicios de Consulta Interprofesional por Internet

L os servicios de consulta interprofesional por Internet incluyen los servicios de evaluación y gestión interprofesional por Internet/teléfono/registro sanitario electrónico prestados por un médico consultor, incluyendo un informe escrito y verbal al proveedor tratante/solicitante del paciente:

99446: utilizado para 5-10 minutos de discusión y revisión clínica consultiva

99447: recomendado para 11-20 minutos de discusión y revisión clínica consultiva

99448: utilizado para 21-30 minutos de discusión y revisión de consulta médica

99449: recomendado para 31 minutos o más de discusión y revisión médica consultiva

CPT 99451: se reporta para el servicio de evaluación y gestión interprofesional por internet/teléfono/registro electrónico de salud prestado por un médico consultor que incluye un informe escrito para el médico tratante/solicitante u otros proveedores de salud calificados del paciente, que involucra cinco o más minutos de tiempo de consulta médica.

CPT 99452: se recomienda para los servicios de derivación interprofesional por Internet/teléfono/registro sanitario electrónico prestados por un médico solicitante o tratante u otros proveedores sanitarios cualificados. Se debe reportar cuando se consumieron entre 16 y 30 minutos en la preparación de la referencia o/y la discusión con el proveedor consultante.

Los códigos CPT 99451 y 99452 se diferencian de los otros códigos de servicios de consulta interprofesional porque el informe fue escrito, por lo que no necesitan una discusión médica verbal y escrita.

Sección

4

Tratamiento Asertivo Comunitario y Servicios Psiquiátricos de Atención Domiciliaria

Capítulo

19

Tratamiento Asertivo Comunitario
(ACT)

E l Tratamiento Comunitario Asertivo o ACT es
un método basado en la evidencia para atender
a las personas con problemas de salud mental graves
y complejos. Se ha demostrado que el Tratamiento
Asertivo Comunitario minimiza las visitas a urgencias
y la hospitalización de pacientes con psicosis difíciles
de tratar y otras inestabilidades psicosociales (Sood&
Owen, 2014). El Tratamiento Comunitario Asertivo
es un enfoque de intervención específico que implica
a un equipo multidisciplinar con un horario flexible,
atención en la comunidad y gestión de crisis.

Los equipos de tratamiento comunitario asertivo trabajan con múltiples enfoques diferentes para ayudar a los individuos a alcanzar la estabilidad psicosocial y, finalmente, sus propios objetivos de recuperación. La filosofía básica del tratamiento comunitario asertivo es proporcionar el apoyo necesario para facilitar el mantenimiento del individuo fuera del hospital. Los clientes del ACT suelen ser personas con problemas psicóticos que también muestran una notable inestabilidad psicosocial. Suelen tener rasgos resistentes al tratamiento, problemas de personalidad, trastornos por consumo de sustancias y escasas habilidades de afrontamiento. Suelen tener historias de repetidas hospitalizaciones, itinerancia y participación legal.

Para satisfacer las necesidades de estos clientes, los equipos de TCA emplean a psicoeducadores, trabajadores sociales, especialistas en abuso de sustancias y especialistas vocacionales, así como a enfermeros y psiquiatras cualificados (Woesner et al., 2014). Las intervenciones específicas proporcionadas por el equipo de TCA pueden ir desde las biológicas (proporcionando apoyo en el manejo de las condiciones físicas, supervisión de la medicación) hasta las psicológicas (entrevista motivacional, TCC), y el apoyo social. Los equipos de TCA proporcionan apoyo en casi todos los aspectos de la vida de sus clientes y se reúnen con ellos dondequiera que puedan: en sus hogares, en el hospital o en los entornos comunitarios. Los equipos de TCA también pueden seguir participando cuando sus clientes son ingresados en el hospital o incluso visitan las salas de urgencias.

Ubicaciones de ACT

El ACT ya se ha implantado en países desarrollados como Estados Unidos, Australia, Canadá y el Reino Unido. En Estados Unidos, el tratamiento comunitario asertivo fue implantado por el Departamento de Asuntos de los Veteranos en todo el país.

El tratamiento comunitario asertivo es un enfoque de intervención específico en el que los servicios no se prestan en una clínica, sino en lugares de la comunidad, en el hogar del paciente, en refugios para personas sin hogar o donde sea más conveniente y fácil para el cliente que utiliza el servicio.

Equipo ACT

El equipo de ACT es un grupo de miembros del personal de servicio directo que, individualmente, tienen una amplia gama de habilidades clínicas y experiencia en rehabilitación para proporcionar servicios de salud mental de proximidad adecuados, centrados en la persona y orientados a la recuperación. Las diferentes tareas de los miembros del equipo ACT son asignadas por el líder del equipo. Estos miembros del equipo, junto con el prescriptor psiquiátrico, trabajan en colaboración con el cliente y su familia y organizan reuniones posteriores de planificación de la recuperación orientada a la persona. El tamaño del equipo ACT puede variar y oscila entre 50 y 120 miembros del personal, manteniéndose en la proporción recomendada de 1:10.

Los miembros principales de un equipo de ACT incluyen un gestor de atención primaria, una enfermera, el prescriptor psiquiátrico y un miembro del personal clínico o de rehabilitación que comparte la coordinación del caso y las actividades de prestación de servicios con cada miembro del equipo. El equipo tiene la responsabilidad permanente de conocer la vida, los deseos, las circunstancias y los objetivos del cliente; de coordinarse con el cliente para establecer y redactar el plan de recuperación; de ofrecer diferentes opciones y elecciones en el plan de recuperación; de realizar modificaciones inmediatas según los requisitos del cliente; y de defender los derechos, los deseos y las prioridades del cliente.

El equipo de ACT es responsable de proporcionar gran parte del tratamiento, las tareas de rehabilitación y los servicios de apoyo del cliente. A los miembros del equipo se les asignan diferentes tareas y funciones de servicio separadas con el cliente, tal como se recomienda en el plan de recuperación dirigido por la persona.

Servicios Prestados por el Equipo de ACT

El equipo de ACT ofrece una evaluación completa, tratamiento, servicios de rehabilitación y actividades de apoyo que incluyen:

- Ayudar al cliente a satisfacer sus necesidades de alojamiento, si es necesario

- Acceso a la atención médica adecuada

- Asesoramiento sobre el uso de sustancias y/o acceso fácil al tratamiento

- Servicios de desarrollo de habilidades y otros servicios de apoyo a la vida cotidiana

- Servicios de entrega de medicamentos

- Asistencia en la compra de alimentos

- Poner en contacto al cliente con diferentes recursos comunitarios

- Transportar al cliente a sus citas médicas

- Animar y apoyar al cliente para que elija un estilo de vida saludable, realice una higiene personal adecuada, fomente la fijación de objetivos a corto y largo plazo y la gestión del dinero

- Conectar al cliente con los servicios de ayuda a la renta

- Evaluar los problemas médicos y remitirlos al médico de cabecera del cliente o a la clínica médica local

- Ayudar al cliente a gestionar su medicación si es imprescindible

Se calcula que casi el 75% de los servicios que prestan los equipos de ACT se ofrecen en entornos comunitarios que resultan convenientes y cómodos para el cliente, por ejemplo, su casa, cafeterías/restaurantes locales, refugios, parques o incluso albergues si así lo prefiere el cliente.

Los equipos de ACT trabajan estrechamente y en colaboración con los clientes y sus familias u otros grupos de apoyo preferidos por el cliente para desarrollar un plan de recuperación que mejore la calidad de vida y reduzca el tiempo de las visitas de emergencia al hospital y los ingresos hospitalarios.

Los Principales Principios de ACT

- ACT es más un modelo de prestación de servicios que un programa de gestión de casos.

- El objetivo principal del ACT es la recuperación mediante el uso de servicios comunitarios de tratamiento y rehabilitación.

- ACT se caracteriza por:

  - Un modelo de enfoque de equipo

  - Los servicios se prestan en los ámbitos y contextos donde se necesitan (enfoque de prestación de servicios en vivo)

  - Un número reducido de casos con una

proporción de personal por cliente de aproximadamente 1 a 10

- Un servicio se mantiene mientras sea necesario (servicios sin límite de tiempo)

- Una carga de trabajo compartida, ya que el equipo en su conjunto es responsable de garantizar que los clientes reciban los servicios que necesitan para vivir en la comunidad y alcanzar sus objetivos personales.

- Un enfoque de prestación de servicios flexible
- Un punto fijo de responsabilidad que significa que, en lugar de enviar a los clientes a varios proveedores de servicios, el equipo de ACT presta los servicios que los clientes necesitan en sus hogares y otros entornos comunitarios.

- Disponibilidad de servicios 24/7

- El ACT es para personas con problemas persistentes y desafiantes.

Capítulo

20

Servicios Psiquiátricos de Atención Sanitaria a Domicilio

L os pacientes que sufren un trastorno psiquiátrico diagnosticado pueden necesitar servicios de evaluación, psicoterapia y asesoramiento por parte de un personal con formación psiquiátrica o de miembros de enfermería especializados. Los pacientes también pueden necesitar terapia ocupacional, servicios médicos sociales, servicios de asistencia sanitaria a domicilio u otros servicios sanitarios a domicilio en relación con el tratamiento de su trastorno psiquiátrico.

Los servicios psiquiátricos a domicilio proporcionan servicios psiquiátricos completos en la comodidad del hogar del cliente. Estos servicios se esfuerzan por:

- Evitar las hospitalizaciones frecuentes
- Mejorar el acceso a los servicios de salud mental
- Proporcionar un seguimiento
- Ayudar a las familias a mejorar su calidad de vida

Los servicios psiquiátricos de atención domiciliaria y las enfermeras psiquiátricas colaboran con los proveedores de atención primaria y/o los psiquiatras para proporcionar atención psiquiátrica centrada en el paciente, según sea necesario.

Los servicios suelen basarse en una evaluación integral psicológica, física, cognitiva, mental, familiar y ambiental del paciente dentro del hogar. Las intervenciones pertinentes las llevan a cabo enfermeras clínicas especialistas certificadas y con licencia o enfermeras cualificadas con experiencia pertinente en enfermería psiquiátrica. Los servicios psiquiátricos a domicilio pueden incluir:

- Evaluaciones y consultas de enfermería psiquiátrica
- Enfoques de psico-conciencia con el paciente o/y la familia cuidadora para aumentar el nivel de conciencia y control del paciente sobre la enfermedad, y mejorar las habilidades de afrontamiento mediante:

- - Gestión de los síntomas

  - Educación sobre la medicación

  - Habilidades de afrontamiento adecuadas

  - Habilidades de comunicación efectivas

- Control y gestión adecuados de la administración de medicamentos

- Venopunción y control regular del nivel de medicamentos psicotrópicos en la sangre

- Seguimiento posterior a la hospitalización para ayudar a salvar la brecha entre la transición del paciente del hospital a la comunidad

- Identificación, colaboración y movilización de los apoyos necesarios para mantener al paciente en la comunidad

- Intervenciones terapéuticas apropiadas, incluyendo:

  - Psicosocial

  - Una variedad de técnicas de relajación

  - Terapia de apoyo

  - Gestión de casos clínicos

  - Asesoramiento al paciente y a la familia

- Servicios de psicoterapia que pueden incluir:

  - Comportamiento

- Cognitivo

- Terapia breve

- Dinámica

- Terapia Familiar

- Intervención en crisis

• Apoyo y educación adecuados del cuidador

Capítulo

21

Oportunidades de Facturación y Reembolso para el CocM Psiquiátrico y el BHI General

D esde enero de 2017, los CMS han aprobado el pago de servicios prestados a pacientes con problemas de salud mental que reciben servicios de integración de salud mental o asisten a programas de atención colaborativa psiquiátrica. Los CMS han agrupado estos servicios como servicios de "integración de salud conductual" (BHI), que incluyen cuatro códigos que demuestran los "servicios de gestión de atención colaborativa psiquiátrica (CoCM)" (99492, 99493, 99494 y HCPCS G2214) y un código que describe el "servicio general de salud mental" (99484). Estos servicios cubren a los pacientes con problemas de salud mental o trastornos por consumo de sustancias. Estos servicios pueden facturarse tanto en centros como fuera de ellos. Estos servicios también están cubiertos en las Clínicas de Salud Rurales (RHC) y en los Centros de Salud Calificados Federalmente (FQHC). La Asociación Americana de Psiquiatría (APA) anima a los pagadores privados a adoptar también estos códigos.

Gestión de la Atención Colaborativa Psiquiátrica (CoCM)

La MCP psiquiátrica suele estar a cargo de un equipo de atención primaria formado por un gestor de la atención y un médico de atención primaria que prestan servicios en colaboración con un consultor psiquiátrico como un psiquiatra. La MCP psiquiátrica está dirigida principalmente por el equipo de atención primaria, lo que incluye una gestión estructurada de la atención con evaluaciones frecuentes del estado clínico mediante herramientas recomendadas y la modificación de la gestión según proceda. El psiquiatra realiza consultas periódicas al equipo de atención primaria para analizar el estado clínico y la atención de los pacientes y hacer nuevas recomendaciones (American Medical Association, 2021).

Se recomiendan los siguientes códigos para facturar el CoCM psiquiátrico en todos los entornos excepto en los RHC y FQHC:

CPT 99492: se recomienda para los servicios iniciales de gestión de la atención psiquiátrica en colaboración prestados durante los 70 minutos iniciales en el primer mes natural de servicios de gestión de la atención de la salud conductual en colaboración con un consultor psiquiátrico y supervisados por el médico tratante u otro proveedor de atención sanitaria cualificado.

Los servicios CPT 99492 requieren:

- Participación e implicación adecuadas del paciente en el plan de tratamiento por parte del médico tratante u otro profesional sanitario cualificado

- Evaluación inicial y cribado del paciente mediante las herramientas de cribado/evaluación recomendadas

- Establecimiento de un plan de tratamiento personalizado y adaptado al paciente

- Consulta del psiquiatra sobre la revisión del plan de tratamiento cuando sea necesario

- Actualizar el registro con el seguimiento adecuado del paciente y el último estado por parte del gestor de salud mental

- Aplicación de métodos basados en la evidencia como la entrevista motivacional, la activación conductual y otras estrategias de tratamiento focalizadas

CPT 99493: se utiliza para los servicios posteriores de gestión de la atención psiquiátrica en colaboración prestados durante los primeros 60 minutos de un mes posterior de servicios de gestión de la atención de la salud conductual en colaboración con un psiquiatra y supervisados por el médico tratante u otro proveedor de atención sanitaria cualificado.

Los servicios CPT 99493 requieren:

- Actualizar el registro con el seguimiento adecuado del paciente y el último estado por parte del gestor de salud mental

- Consulta semanal del psiquiatra

- Colaboración continua con el médico tratante u otro profesional sanitario cualificado junto con otros clínicos de salud mental tratantes pertinentes

- Consulta del psiquiatra sobre la revisión del plan de tratamiento cuando sea necesario

- Aplicación de métodos basados en la evidencia como la entrevista motivacional, la activación conductual y otras metodologías de tratamiento enfocadas

- Seguimiento de la evolución del paciente mediante las herramientas de detección recomendadas

CPT 99494: recomendado para los servicios iniciales o posteriores de gestión de la atención psiquiátrica en colaboración prestados por cada 30 minutos adicionales en un mes natural de servicios de gestión de la atención de la salud del comportamiento en colaboración con un psiquiatra y supervisados por el médico tratante u otro proveedor de atención sanitaria cualificado.

HCPCS G2214: se recomienda cuando se facturan los servicios de gestión de la atención psiquiátrica colaborativa inicial o subsiguiente prestados durante los 30 minutos iniciales en el primer mes o en los siguientes de servicios de gestión de la atención de la salud conductual en colaboración con un psiquiatra y supervisados por el médico tratante u otro proveedor de atención de la salud calificado. Este código fue establecido por los CMS el 1 de enero de 2021, en respuesta a la necesidad de contar con un código adicional que indicara intervalos de tiempo más cortos con el paciente.

BHI General

Los CMS desarrollaron un código para representar los servicios de gestión de la atención general para aquellos pacientes que tienen problemas de salud mental.

CPT 99484: se recomienda para los servicios de gestión de la atención de los problemas de salud

mental que se prestan durante un mínimo de 20
minutos de tiempo del personal clínico supervisado
por un médico u otro proveedor de atención sanitaria
cualificado, por mes natural. Este código requiere:

- La evaluación inicial o el seguimiento con la
  utilización de las escalas de valoración
  recomendadas.

- Colaborar y facilitar tratamientos como la
  psicoterapia, el asesoramiento o/y la consulta
  psiquiátrica, y la farmacoterapia.

- Continuidad de la atención con un miembro
  dedicado del equipo de atención.

Sección

5

El Futuro de la Atención Sanitaria a Domicilio

S i bien el futuro del sector de la sanidad a domicilio es brillante, no está exento de algunos retos inesperados. Los expertos en el sector de la asistencia sanitaria a domicilio esperan que se produzcan algunas revisiones drásticas de la prestación sanitaria a domicilio de Medicare. Sin embargo, los cambios en los marcos políticos, los problemas de consolidación y la adopción de tecnología son algunos de los obstáculos a los que se enfrenta el sector de la asistencia sanitaria a domicilio tanto a largo como a corto plazo. Pero mientras el sector de la asistencia sanitaria a domicilio aprende a funcionar en medio de la nueva normalidad de una emergencia de salud pública como la de Covid-19, nunca ha habido una mayor demanda de opciones de asistencia sanitaria a domicilio ni un reconocimiento del poder de la asistencia de los cuidados prestados en el hogar, ya sea virtualmente o en persona.

Si antes había alguna incertidumbre, ahora el sector de la asistencia sanitaria a domicilio ocupa definitivamente un lugar adecuado en la mesa de la sanidad. Sólo el tiempo decidirá lo que nos depararán los próximos años y meses, pero el futuro de la asistencia domiciliaria es más brillante que nunca.

Referencias

1. Office of Regulatory Affairs. (2018, September 14). *Medical Device Overview*. U.S. Food and Drug Administration. https://www.fda.gov/industry/regulated-products/medical-device-overview

2. American Medical Association. (2021, August 17). *Learn about 4 new CPT codes to bill for collaborative care.* https://www.ama-assn.org/practice-management/cpt/learn-about-4-new-cpt-codes-bill-collaborative-care

3. Brunton, S. A. (2021). Telemedicine: The 2020 Visita Domiciliaria. *Clinical Diabetes*, *39*(1), 13. https://doi.org/10.2337/cd20-0106

4. *CMS NEWS ALERT APRIL 6, 2020 | CMS.* (2020, April 6). Www.Cms.Gov. https://www.cms.gov/newsroom/press-releases/cms-news-alert-april-6-2020

5. *Coronavirus Disease 2019 (COVID-19).* (2020, February 11). Centers for Disease Control and Prevention. https://www.cdc.gov/coronavirus/2019-ncov/global-covid-19/handwashing.html

6. *A Guide to Providing In-Home Visiting Services During the COVID-19 Pandemic.* (2020, December 15). Wisconsin Department of Health Services. https://www.dhs.wisconsin.gov/library/p-02853.htm

7. *Healthcare Workers*. (2020a, February 11). Centers for Disease Control and Prevention. https://www.cdc.gov/coronavirus/2019-ncov/hcp/non-us-settings/overview/index.htm

8. *Healthcare Workers*. (2020b, February 11). Centers for Disease Control and Prevention. https://www.cdc.gov/coronavirus/2019-ncov/hcp/using-ppe.html

9. History.com Editors. (2021, February 23). *First confirmed case of COVID-19 found in U.S.* HISTORY. https://www.history.com/this-day-in-history/first-confirmed-case-of-coronavirus-found-in-us-washington-state

10. *The Home Health Sector Responds to the COVID-19 Crisis.* (2020, December 3). Partnership for Quality Home Healthcare. https://pqhh.org/covid-19/

11. *Implications for Home-Based Care Providers in the CY 2021 Medicare Physician Fee Schedule (MPFS) Final Rule.* (2021, February 12). Home Centered Care Institute. https://www.hccinstitute.org/implications-for-home-based-care-providers-in-the-cy-2021-medicare-physician-fee-schedule-mpfs-final-rule/

12. Johnston, R., Kobb, R. F., Marty, C., & McVeigh, P. (2021). VA Video Telehealth and Training Programs during the COVID-19 Response. *Telehealth and Medicine Today*. Published. https://doi.org/10.30953/tmt.v6.241

13. Khoshrounejad, F., Hamednia, M., Mehrjerd, A., Pichaghsaz, S., Jamalirad, H., Sargolzaei, M., Hoseini, B., & Aalaei, S. (2021). Telehealth-Based Services during the

COVID-19 Pandemic: A Systematic Review of Features and Challenges. *Frontiers in Public Health*, *9*. https://doi.org/10.3389/fpubh.2021.711762

14. Kichloo, A., Albosta, M., Dettloff, K., Wani, F., El-Amir, Z., Singh, J., Aljadah, M., Chakinala, R. C., Kanugula, A. K., Solanki, S., & Chugh, S. (2020). Telemedicine, the current COVID-19 pandemic and the future: a narrative review and perspectives moving forward in the USA. *Family Medicine and Community Health*, *8*(3), e000530. https://doi.org/10.1136/fmch-2020-000530

15. *List of Telehealth Services | CMS*. (2021, August 17). CMS. https://www.cms.gov/Medicare/Medicare-General-Information/Telehealth/Telehealth-Codes

16. *MLN home page | CMS*. (2021, June 28). The Medicare Learning Network. https://www.cms.gov/Outreach-and-Education/Medicare-Learning-Network-MLN/MLNGenInfo

17.   Morens, D. M., Breman, J. G., Calisher, C. H., Doherty, P. C., Hahn, B. H., Keusch, G. T., Kramer, L. D., LeDuc, J. W., Monath, T. P., & Taubenberger, J. K. (2020). The Origin of COVID-19 and Why It Matters. *The American Journal of Tropical Medicine and Hygiene*, *103*(3), 955–959. https://doi.org/10.4269/ajtmh.20-0849

18. Nicoletti, B. (2021, August 18). *Anticoagulation Management*. CodingIntel. https://codingintel.com/anticoagulation-management/

19. *Overview of the Medicare Physician Fee Schedule Search | CMS*. (2021, July 1). CMS. https://www.cms.gov/medicare/physician-fee-schedule/search/overview

20. Prevounce Health. (2021). *A Comprehensive Guide to Remote Patient Monitoring*. Https://Www.Prevounce. Com/. https://www.prevounce.com/a-comprehensive-guide-to-remote-patient-monitoring

21. Rogers, J. (2021). Coding telehealth services during COVID-19. *The Nurse Practitioner*, *46*(2), 10–12. https://doi.org/10.1097/01.npr.0000731584.40074.eb

22. Shereen, M. A., Khan, S., Kazmi, A., Bashir, N., & Siddique, R. (2020). COVID-19 infection: Emergence, transmission, and characteristics of human coronaviruses. *Journal of Advanced Research*, *24*, 91–98. https://doi.org/10.1016/j.jare.2020.03.005

23. Sood, L., & Owen, A. (2014). A 10-year service evaluation of an assertive community treatment team: trends in hospital bed use. *Journal of Mental Health*, *23*(6), 323–327. https://doi.org/10.3109/09638237.2014.954694

24. Statista. (2021, September 6). *Cumulative cases of COVID-19 worldwide from Jan. 22, 2020 to Sep. 5, 2021, by day*. https://www.statista.com/statistics/1103040/cumulative-coronavirus-covid19-cases-number-worldwide-by-day/

25. *Tools and Tip Sheets*. (2021). Home Centered Care Institute. https://www.hccinstitute.org/hccintelligence/tools-and-tip-sheets/

26. Woesner, M. E., Marsh, J., & Kanofsky, J. D. (2014). The Assertive Community Treatment Team. *The Primary Care Companion for CNS Disorders*. Published. https://doi.org/10.4088/pcc.14br01639